NOTICE

SUR

LE COMBAT DE SAINT-CAST.

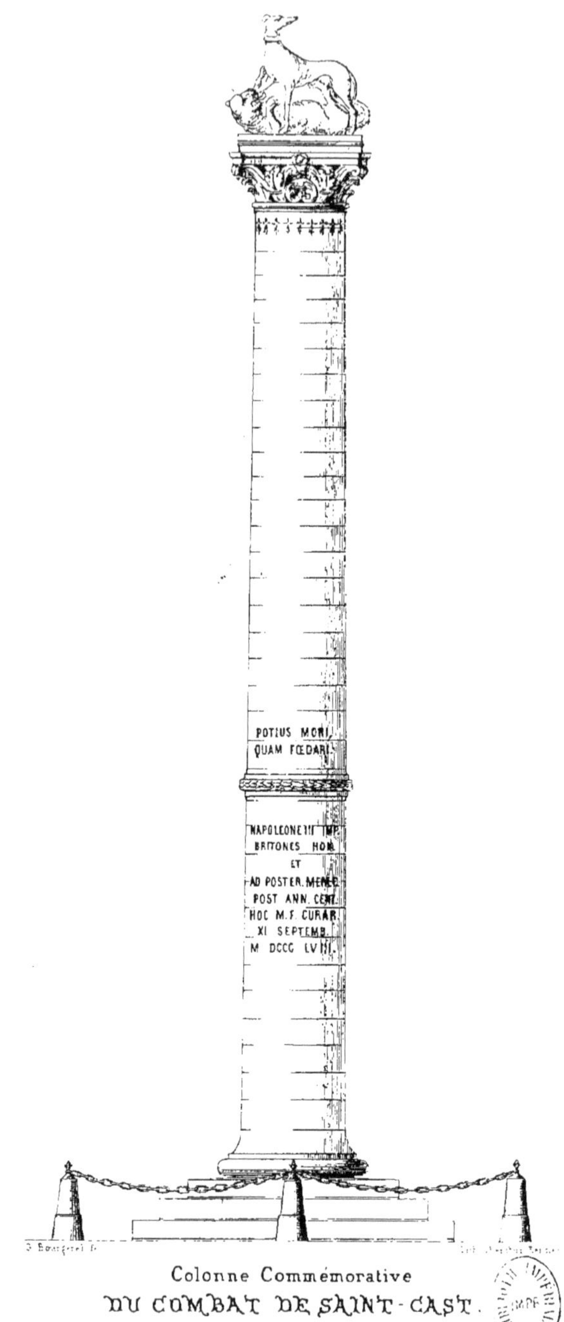

Colonne Commémorative
DU COMBAT DE SAINT-CAST.
1758 – 1858.

Publication de la Commission Centrale à Dinan

NOTICE

SUR LE

COMBAT DE St-CAST

(11 SEPTEMBRE 1758),

Écrite sur la demande de la Commission instituée à Dinan
pour l'érection d'un Monument commémoratif,

PAR

M. FRÉDÉRIC DE LA NOUE.

Potiùs mori quàm fœdari !

« On vit dans cette occasion ce que
» peut la persuasion la plus légère
» d'avoir une patrie. » DUCLOS.

DINAN,
J. BAZOUGE, IMPRIMEUR-LIBRAIRE.
1858.

DÉCRET.

NAPOLÉON, par la grâce de Dieu et la volonté nationale, Empereur des Français,

A tous, présents et à venir, SALUT.

Sur le rapport de notre Ministre Secrétaire d'Etat au département de l'Intérieur et de la Sûreté générale ;

Vu l'ordonnance du 10 juillet 1816 ;

AVONS DÉCRÉTÉ ET DÉCRÉTONS CE QUI SUIT :

Article 1. — Les habitants du département des Côtes-du-Nord sont autorisés à ériger à Saint-Cast un Monument commémoratif de la bataille gagnée sur les Anglais le 11 Septembre 1758.

Article 2. — Notre Ministre Secrétaire d'Etat au département de l'Intérieur et de la Sûreté générale est chargé de l'exécution du présent décret.

Fait au Palais des Tuileries, le 21 avril 1858.

Signé : NAPOLÉON.

Le XVIIme jour de juillet de l'année 1858 a été posée la première pierre de cette colonne commémorative du centième anniversaire de la bataille de Saint-Cast, gagnée par les troupes françaises et les volontaires bretons sur les Anglais, le 11eme de Septembre de l'année 1758.

MEMBRES DE LA COMMISSION

INSTITUÉE A DINAN

pour l'érection de la Colonne commémorative du centième anniversaire du Combat de Saint-Cast.

MM.

Le comte RIVAUD DE LA RAFFINIÈRE, Préfet des Côtes-du-Nord, *Président d'honneur ;*

DE VAUDICHON, Sous-Préfet de Dinan, *Président ;*

L. LECONTE, ancien Député, Maire de Dinan, *Vice-Président ;*

L. BELÊTRE-VIEL, ancien Maire de Dinan, Membre du Conseil général, *Trésorier ;*

L. ODORICI, *Secrétaire ;*

Le vicomte DE BIZIEN DU LÉZARD, ancien Député ;

CH. BAILLY, Président du Tribunal civil, Membre du Conseil général ;

ADOLPHE FERRON DU CHESNE, Membre du Conseil municipal ;

CH. LARERE, père, négociant ;

MARIE GAGON, Chef de Bataillon en retraite ;

Le comte DE LESQUEN DU PLESSIS-CASSO ;

QUÉMA, Maire de Saint-Cast.

FÊTE SÉCULAIRE DU COMBAT DE SAINT-CAST.

ODE ET NOTICE

SUR

LA JOURNÉE DU 11 SEPTEMBRE 1758.

SAINT-CAST.

Etonné devant toi, libre et noble Armorique,
J'ai vu les grands témoins de l'âge druidique,
Carnac et ses géants ; le mythe de granit,
Des savants éperdus problème héréditaire,
Ferme à tous les regards son voile séculaire ;
Je demande en vain ce qu'il dit.

Mais, pour être éloquent, ce splendide rivage
N'attendit pas de nous un solennel hommage ;
Ces vallons, ces rochers, la voix des matelots,
Robustes fils des mers que la Bretagne élève,
Tout redit les exploits honneur de cette grève
Et le sang qui rougit ces flots.

Dieu fit à ce pays une riche parure ;
Voyez !.... il lui donna l'Océan pour ceinture,
Ici des monts altiers, là des abris charmants ;
Puis, épanchant un jour les rayons de la gloire
Sur un front déjà beau, Dieu mit d'une victoire
Les magnifiques diamants.

Aux rivages heureux que le soleil inonde
Des flots éblouissants de sa chaleur féconde,
Envions moins leur ciel toujours limpide et bleu :
Le soleil de l'histoire, irradiant nos brumes,
Sur les monts, sur les flots et leurs blanches écumes,
Grave ces mots en traits de feu :

SAINT-CAST !... Ce nom proclame une grande journée,
Par la fierté bretonne aujourd'hui couronnée ;
Forts par un vrai courage et par le droit plus forts,
Nos ancêtres, chassant le Neptune insulaire,
Lui firent expier la superbe chimère
D'entrer souverain dans nos ports.

Quand les fastes du monde, en des pages funèbres,
Racontaient nos drapeaux entourés de ténèbres,
Quand la France, entraînée à travers les écueils,
Dans la nuit du malheur descendait assombrie,
Un vif rayon de gloire, éclairant la patrie,
Fit trêve à ses immenses deuils.

Ce rayon de bonheur, cet éclair de victoire
Jaillirent des sommets de ce fier promontoire,
Sur un horizon froid chaudes sérénités !
L'Angleterre, aux lueurs de sinistres présages,
D'un triomphe impossible accusa les mirages
Et maudit ses témérités.

D'un grand peuple qui rêve, incroyable démence !
Oui, deux fois l'Angleterre osa l'extravagance
D'arborer ses couleurs au rivage Breton !
A la voix de la France, elle à peine docile,
Quoi ! la Bretagne aurait, patiente et servile,
Porté le joug de l'Anglais ?... Non !

Impossible !... L'Anglais manquerait-il d'espace ?
De ses navigateurs la merveilleuse audace
Asservit dès longtemps les plus lointaines mers ;
Plus heureux que ce roi dans sa colère vaine,
L'Anglais, naguère encor, d'une main souveraine,
Tenait l'Océan dans ses fers.

Mais dompter la Bretagne ! O songe ridicule !
Ici l'Anglais, trouvant ses colonnes d'Hercule,
Dut teindre de son sang un héroïque frein ;
Car, cette fois du moins, les discordes civiles
Ne lui ralliaient pas la moitié de nos villes,
Et Clisson contre Du Guesclin.

Tous firent leur devoir, les soldats de la France
Et les enfants d'un sol altéré de vengeance
S'élancèrent pareils de courage et d'honneur,
Les simples fils des champs près des fils de Versailles
Tinrent ferme à l'envi sous le feu des batailles,
Pour toujours égaux par le cœur.

De ces preux laboureurs, vaillante destinée,
Le temps leur mesurait une féconde année,
Ceux qui la veille encor cueillaient les épis blonds
Sur les sillons dorés par le soleil d'automne,
Dans le feu, sous le fer, ici, d'une couronne
Cueillirent les sanglants fleurons.

Au bruit de ce combat, sur sa montagne altière,
Saint-Malo tressaillit dans son corset de pierre,
Duguay-Trouïn frémit dans sa tombe, et, le soir,
Des vieux héros Bretons les ombres apparurent
Sur cette plage heureuse, et les Trente accoururent
Au cri joyeux de Beaumanoir.

O nos braves aïeux! planant sur ces rivages,
Inspirez à vos fils d'unanimes courages!
Que tous à votre exemple, affrontant le danger,
Sachent braver la mort et prodiguer leur vie!
Sous les drapeaux vainqueurs il meurt digne d'envie
Celui qui chasse l'étranger!

Votre noble mémoire, à jamais populaire,
Imposait d'un grand jour la fête séculaire.
Cent ans passés, déjà sur ces monts, dans la mer,
Vos combats !... Aujourd'hui vos pompes triomphales
Et les mâles échos de nos voix filiales,
Aux champs des flots, aux champs de l'air.

Vous nous apparaissez radieux et splendides ;
Par l'histoire affermis, vos fronts n'ont point de rides.
Moi que blanchit déjà l'automne de mes ans,
Emporté dans l'hiver d'une obscure vieillesse,
Je sais de votre gloire envier la jeunesse
Et l'inaltérable printemps.

NOTICE SUR LE COMBAT DE St-CAST.

SOMMAIRE.

I. Préliminaires. — Pourquoi et comment tout un siècle entre la bataille et le monument de Saint-Cast.

II. Exposé de la situation à l'époque du combat du 11 Septembre 1758. — Guerre de Sept-Ans. — Alliances. — L'Angleterre et la Prusse d'un côté, la France et l'Autriche de l'autre.

III. Le combat de Saint-Cast. — Témoignage de l'historien anglais Smollett. — Discussion de ce récit; lord Mahon. — Voltaire, Duclos, Daru, Rioust des Villaudrens, Ogée, un Militaire français.

IV. La vérité sur le combat de Saint-Cast.

V. La vérité sur les combattants. — Le duc d'Aiguillon, — M. d'Aubigny, — les volontaires Rioust des Villaudrens, Hercouet, Blanchard, etc.

VI. Résultats de la bataille. — Considérations générales sur l'histoire de France et d'Angleterre.

VII. Résumé.

SOURCES.

1. Voltaire. — *Histoire du Siècle de Louis XV.*

2. Duclos.

3. Daru. — *Histoire de Bretagne.*

4. Lacretelle. — *Histoire de France au dix-huitième siècle.*

5. Ogée. — *Dictionnaire de Bretagne.*

6. Rioust des Villaudrens. — *Annuaire Dinannais* de 1838.

7. Récit d'un Militaire Français. — *Annuaire Dinannais* de 1836.

8. *Journal de l'abbé Maurice*, curé de Saint-Cast.

9. *Vie Privée de Louis XV* (anonyme). — Londres, 1781.

10. Lord Mahon. — *Histoire d'Angleterre*, de 1713 à 1738, volume IV, pages 137, 138 et 139.

NORD

OUEST

SUD

A. Plage ou s'est fait le débarquement le 4 7.bre 1758.
B. Camp sans retranchements après le débarquement
C. Second camp aussi sans retranchements
D. E. Passage de l'Arguenon par deux endroits
F. 3e Camp toujours sans retranchements auprès de la Ville de Matignon.

G. Anse de St Cast
H. Armée françoise
I. Armée Angloise
K. Quartier général de l'Armée Françoise.
Nota. les routes ponctuées sont celles que les ennemis ont suivies dans leurs incursions

Reproduit d'après une gravure de l'époque

Lith. Oberthur Rennes.

Publication de la Commission Centrale à Dinan.

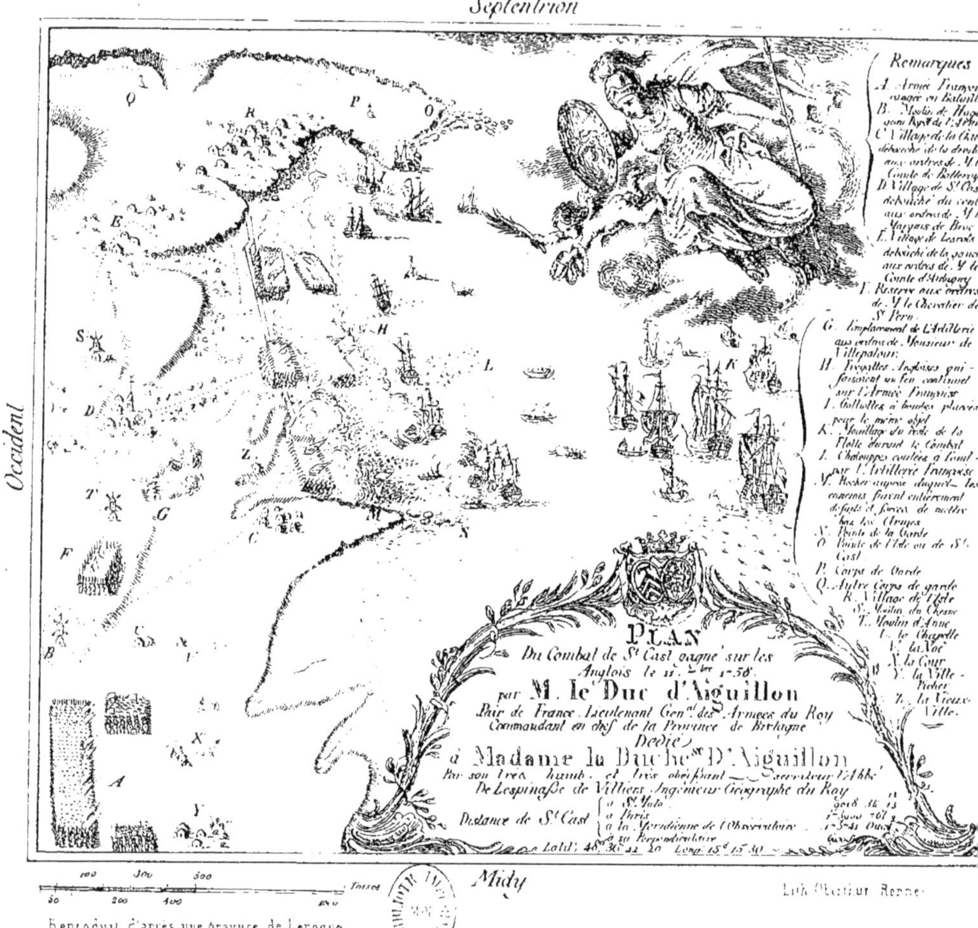

Reproduit d'après une gravure de l'époque

Lith. Oberthur Rennes

Publication de la Commission Centrale à Dinan.

NOTICE

SUR

LE COMBAT DE SAINT-CAST

(11 SEPTEMBRE 1758.)

Encore quelques jours, et tout un siècle va nous séparer du mémorable combat de Saint-Cast : Onze Septembre 1758 !

Un siècle ! c'est un linceul éternel pour les événements secondaires, mais le temps est léger aux choses vraiment grandes.

Aussi le souvenir du Onze Septembre 1758 s'élève brillant dans l'histoire ; il a toute sa vivacité, toute sa fraîcheur première dans le respect et le patriotisme de la Bretagne.

Pour la contrée surtout qui fut le théâtre d'un grand élan national, ce souvenir est un culte : l'aïeul a dit les exploits des Français à ses petits enfants ; la mère raconte cette héroïque légende aux fils du matelot qui voyage dans les mers lointaines ; tradition de bravoure et de fierté bretonne ; feu sacré qui ne s'éteindra pas !

Pourquoi nul monument sur un rivage illustre ?

Ni le bronze, ni le marbre, ni le granit ne proclament cette brillante journée. Le cadre du combat est resté intact; j'en retrouve tous les traits saillants : la vieille église, le château malheureusement délabré, les moulins d'Anne et du Chêne, le bourg, le village d'Isle, rien n'est changé.

Le moulin d'Anne, que le procureur-général de La Chalotais voulut transformer par un mot trop célèbre en perpétuel pilori pour le duc d'Aiguillon, ainsi que Dante Alighieri immobilisait ses adversaires dans les régions infernales, le moulin d'Anne est toujours ce qu'il était il y a cent ans; il est là comme une réfutation d'un outrage sanglant, comme une justification du général-gouverneur, comme une explication claire de la place qu'il choisit pour diriger les opérations de son armée.

Mais, encore une fois, nulle trace de la bataille dans ce cadre intact, si ce n'est un petit coin de terre ombragé par quelques arbres à teinte lugubre : *Cimetière des Anglais* est le nom de ce champ du repos ! Là dorment les victimes, hélas ! trop justement immolées à la patrie, au devoir, à l'inviolabilité du sol national ; près de leurs tombes sont venues dormir les victimes du choléra, qui fut terrible sur ce rivage en 1832 ; alors le génie de la mort ébranla d'un coup d'aile cette terre florissante.

les fils de ceux qui se dressaient si énergiques contre l'invasion de l'Anglais fléchirent et tombèrent sous le poids du fléau.

Que la mort garde donc ses ineffaçables et cruelles empreintes sur cette rive. Mais que la vie, elle aussi, la vie sous ses formes et dans ses manifestations les plus belles, le courage et l'amour de la patrie, apparaisse à tous les regards dans un monument qui domine cette magnifique plage.

Le rivage de Saint-Cast est digne de la scène qu'il a vue ; on serait tenté de dire qu'il était prédestiné à l'histoire ; l'imagination prête facilement un accent plus solennel aux vagues de l'océan qui semblent venir appeler à la navigation les vaillants fils de cette terre maritime.

Une colonne doit, en proclamant le passé, provoquer un avenir égal de vaillance et de patriotisme dans la postérité des combattants du 11 Septembre 1758. Que si ce témoignage de respect et de reconnaissance paraît tardif, pour moi, je ne me plaindrai pas de cette temporisation ; il en est des monuments comme de ces œuvres dont Boileau disait : Hâtez-vous lentement.

Puis, il est toujours temps d'accomplir un devoir de piété filiale, d'acquitter un tribut de publique gratitude ; la gloire est patiente, parce qu'elle est éternelle ; on ne pourrait s'étonner de la lenteur que s'il était question d'une renommée passagère ; mais les événements durables savent attendre ; les monuments doivent même, peut-être, s'élever à distance et réclament le lointain des années. A la génération victorieuse de dire et de chanter ses exploits ! à la postérité de bâtir les hommages et de les graver sur la pierre ! Les monuments prématurément élevés seraient d'ailleurs petits devant les émotions encore ardentes des acteurs et des témoins d'un événement célèbre ; ils seraient exagérés, peut-être, pour la postérité plus calme.

Le temps est l'épreuve de la vraie gloire ; les choses du second ordre n'ont pas de droits à des colonnes qui leur survivent ; mais les beautés réellement historiques sont toujours jeunes, même après des siècles ; elles ont la fraîcheur du monument que l'architecte a fini hier ; le monument de la veille serait compromettant pour des souvenirs déjà vieillis, et comme un diamant sur un front chargé de rides.

Si jamais ces idées furent vraies, à coup sûr, elles s'appliquent parfaitement à la bataille de Saint-Cast.

Du côté des événements généraux de l'histoire, du côté des faits particuliers de l'histoire bretonne, dans les choses et dans les personnes, je trouve de fortes explications *du vide et du silence* prolongés de la célèbre grève : — Du côté de l'histoire, aurait-il été digne et même convenable d'élever une colonne à Saint-Cast, d'allumer un phare qui, en éclairant ce point glorieux de nos annales dans la guerre de Sept-Ans, aurait rendu plus visibles les nuages épais, l'éclipse profonde dont la gloire générale de notre pays était alors enveloppée ? Notre marine vaincue et descendant de désastres en désastres, nos possessions d'outre-mer perdues, l'Inde et l'Amérique échappant chaque jour aux mains de la France et tombant aux pieds de l'Angleterre, nos armées vaincues à Rosbach, à Crevelt, à Minden, voulaient d'autres consolations, d'autres revanches qu'un trophée dressé à Saint-Cast ; cette parure intempestive d'un rocher de nos rivages aurait trop révélé et trop mis en saillie notre indigence passagère, mais profonde.

Des flottes retrouvées et balançant la fortune navale de l'Angleterre, des armées hautement victorieuses en Autriche, en Prusse et en Italie, dans toutes ces contrées qui furent jadis le théâtre de nos catastrophes, voilà les réparations que réclamaient les ennuis cruels de l'honneur et de la dignité nationales. J'oserai dire que jusqu'au jour où l'armée française vit les Russes reculant devant elle et les Anglais ayant peine à la suivre, l'heure du monument de Saint-Cast n'était pas encore venue : la Crimée nous a offert ce splendide spectacle, et le droit de saluer le passé du sommet de la grandeur présente.

Un Français peut parler sans embarras de Rosbach

après Iéna, et sans trop d'émotion de Waterloo même après Sébastopol.

Mais, pendant la guerre de Sept-Ans, et dans les années de paix accablante qui la suivirent, cette colonne aurait été une manifestation presque mesquine ; la patrie était en deuil ; la Bretagne devait contenir une joie privée et réserver pour des jours meilleurs la consécration de son triomphe.

Et d'ailleurs la Bretagne manquait alors du calme et de la dignité sereine qui vont si bien à la religion des souvenirs.

Quelques jours après la bataille de Saint-Cast, le général qui avait eu le commandement des régiments français et des vaillantes bandes de volontaires bretons était poursuivi par les accusations les plus flétrissantes ; un homme alors puissant dans la province par ses grandes fonctions parlementaires, par sa famille, par sa clientèle, par son éloquence et par ses relations avec les plus grandes influences de l'époque, avait dit : Le duc d'Aiguillon s'est plus couvert de farine que de gloire.

Ce réquisitoire en dix mots du fameux procureur-général de La Chalotais était comme un fer rouge au front du chef de l'armée française, et le plus grand nombre des Bretons croyait franchement qu'à l'heure même où la victoire accourait aux drapeaux de la France, le duc d'Aiguillon, loin de s'élancer vers ses radieux embrassements, trouvait plus doux et plus opportun de courtiser une meunière ; et voilà qu'il était enfariné d'infamie !

Ah ! que c'est bien l'esprit de parti avec ses passions et ses préjugés, tel qu'il était, tel qu'il est encore, j'allais dire, et pourquoi non ? tel qu'il sera toujours !

Laissez passer quelques années, et, à son tour, l'éloquent magistrat Caradeuc de La Chalotais, celui qui s'inscrivait en faux contre l'honneur du général-gouverneur de Bretagne, subira l'imputation d'ignobles lettres anonymes à l'adresse d'un ministre du roi Louis XV, et s'inscrira encore en faux contre ses propres accusateurs, revendiquant les droits de la justice, de la raison et de la vérité.

La Bretagne avait promptement rompu les rangs de la généreuse unanimité qu'elle avait déployée à Saint-Cast ; son parlement, sa constitution, les clauses du traité d'union avec la France, ses priviléges et ses libertés, voilà dès lors ses grands soucis pour vingt années.

Faut-il regretter que les Etats, après avoir voté dans leur session d'octobre 1758 une médaille commémorative de la bataille de Saint-Cast, n'aient pas décrété l'érection d'un monument ?

Ce monument aurait couru grand risque de s'élever à l'image des passions, des colères contemporaines et de leurs exclusions violentes !

Le règne de Louis XVI offrait une place plus naturelle et plus convenable à la célébration d'un mémorable événement ; car alors notre marine eut de belles journées, et le pavillon français flotta noblement sur les mers, porté par les Suffren, les Destaing, les La Mothe Picquet et les d'Orvilliers. Mais la France était plus occupée de courir vers un avenir indéfini, vers la terre promise de la liberté, saluée par les Argonautes de la philosophie, que d'honorer ses traditions et ses souvenirs.

Plus tard !... Concevez-vous un monument élevé à Saint-Cast pendant les jours de la République, lorsque les fils des gentilshommes bretons, combattants énergiques du 11 Septembre 1758, étaient proscrits ; lorsque ces châteaux d'où s'élancèrent, à la tête de braves volontaires, les chefs de la noblesse, étaient confisqués ; lorsque l'héritier du duc d'Aiguillon et l'héritier de La Chalotais subissaient dans une terrible égalité le droit commun de l'exil ou de l'échafaud.

Cette époque qui, parmi de si grands crimes, vit de si grandes vertus et d'héroïques armées, était, il faut l'avouer, parfaitement incapable de juger sainement les choses du passé ; la présence des Nobles, des Aristocrates, souillait tout aux yeux des préjugés alors souverains.

L'Empire, sans doute, aurait pu glorifier la bataille de Saint-Cast, surtout pendant les jours du système continental et de l'appel à toutes les forces du pays contre l'Angleterre ; mais l'Empire élevait sa colonne et gardait pour la consécration de ses gloires tout ce bronze triomphalement accumulé ; ébloui de ses propres rayons, il n'avait guère le loisir de songer aux victoires anciennes, et, d'ailleurs, il était bien tenté de trouver froides et pâles les clartés lointaines de notre vieille histoire.

Quant à la Restauration et au gouvernement de Louis-Philippe, je me réjouis de ce qu'on n'a pas alors essayé sérieusement la célébration d'un beau souvenir ; l'œuvre aurait été sinon trop partiale, du moins trop suspecte de partialité sous l'un et sous l'autre régime. On n'aurait pas évité sous le premier le reproche de préoccupations exclusives et d'esprit trop aristocratique ; pendant le règne de 1830, qui vit un Bourbon se résignant à effacer ses armoiries et ses fleurs de lis, sauf l'espoir soigneusement dissimulé de les faire refleurir après la tempête, la justice aurait été difficile ; en Bretagne, surtout, serait-il téméraire de dire que l'esprit des influences, alors puissantes, à d'honorables exceptions près, était très récusable et peu compétent dans l'appréciation des services de la noblesse française ? Or, le monument de Saint-Cast, mérité par la généreuse émulation de toutes les forces du pays, campagnes et villes, gentilshommes, bourgeois et laboureurs, voulait, du côté de la France, une possibilité d'impartialité mutuelle, et, du côté de la situation extérieure, des apaisements de fierté assez grands pour nous préserver de la censure d'exagération d'un succès secondaire ; à défaut de faits vraiment imposants et de grandeurs réelles, cette impartialité et ces apaisements, l'armée de Crimée, je le répète, nous les a seule donnés ; là, tant d'officiers de vieille race, rivalisant avec les plus vaillants fils des races nouvelles, et la grandeur de la France enfin restaurée pour toujours, nous ont fait les conditions que réclamait cet hommage, aujourd'hui plus opportun que jamais, à la bravoure et aux exploits de nos aïeux.

La bataille de Saint-Cast est un glorieux épisode de la guerre de Sept-Ans.

Cette guerre, si funeste à la France, présenta tout d'abord le caractère le plus étrange dans la combinaison des forces, dans les alliances ; pour la première fois, on voyait unies la France et l'Autriche ; les traditions nationales étaient abandonnées.

C'était une mauvaise chance déjà ; il est périlleux de choquer tous les esprits. Or, une héréditaire association d'idées s'était formée depuis des siècles ; l'antagonisme de la maison de Bourbon et de la maison d'Autriche semblait tenir à l'essence même des choses ; cependant, par un traité signé dès le commencement de 1756, le roi Louis XV et l'impératrice Marie-Thérèse associaient leurs armées contre la Prusse et l'Angleterre. Pour prix de ce concours, la France devait recevoir de l'Autriche la cession de la Belgique, et notre pays aurait atteint ses frontières naturelles.

Cet abandon de provinces, il est vrai, n'était garanti que par une convention secrète, et l'exécution était ajournée à l'époque de la paix. Aussi l'alliance fut mal accueillie et resta frappée d'impopularité ; elle était odieuse à l'opinion des parlements, des penseurs les plus célèbres, et surtout odieuse à une grande partie de l'armée française.

Voltaire, en dépit de ses griefs récents contre Frédéric II, depuis les vives et amères déceptions de Postdam et de Berlin, depuis ses luttes avec le major Freytag pour la restitution du livre de *Poeschie* du roi, son maître, Voltaire avait trop de clairvoyance pour ne pas déplorer cette situation nouvelle ; la crainte de disgrâces plus sévères, les égards pour la cour et pour le maréchal de

Richelieu, son héros, contenaient l'expression publique de sa pensée ; mais ses idées vraies se font jour dans sa correspondance.

Quant à l'armée française, il est trop certain qu'éblouie, fascinée par le génie du roi de Prusse et par l'admiration de sa tactique, elle ne suivait qu'avec ennui et avec répugnance la méthode française et les règles adoptées dès longtemps dans nos camps et dans notre stratégie.

Duclos dit à ce sujet (tome 6, pages 361 et 362) :

« La pluspart de nos officiers refroidissaient le courage » des soldats, en les étourdissant des éloges du roi de » Prusse et du prince Ferdinand ; au lieu de chercher à en » mériter de pareils, de ne voir en eux que des ennemis et » des modèles estimables, ils se livraient à un luxe scan- » daleux que ces princes se gardaient bien d'imiter ; mais » leurs soldats n'étaient pas dans la disette que les nôtres » éprouvaient quelquefois. »

Et ailleurs (pages 390 et 391, même volume), Duclos ajoute :

« La pluspart de nos officiers se prêtaient à regret à des » opérations dirigées contre le roi de Prusse, qu'ils » s'étaient fait un *tic* d'exalter, au lieu d'en imiter la » vigilance et l'économie ; le public dès longtemps fron- » deur de la cour, par la faiblesse et les fautes réelles du

» gouvernement, devint Prussien, comme il avait été » Autrichien dans la guerre précédente. »

On le voit, la guerre de 1756 s'ouvrit avec de tristes auspices. L'alliance de l'Autriche était un démenti aux traditions, à l'opinion, aux intérêts supérieurs de la France.

La politique française n'avait-elle pas toujours eu pour but de diviser l'Allemagne, d'entretenir des germes de désunion, de susciter des protestations armées contre la domination de l'empire? Le cardinal de Richelieu, tout prêtre et cardinal de l'église romaine qu'il était, n'avait pas hésité à se faire l'appui des protestants contre Ferdinand II; tous les adversaires de la maison d'Autriche étaient les bienvenus près de lui; il recrutait en dehors de l'Allemagne même des ennemis de son ennemi; le roi de Suède Gustave-Adolphe et ses lieutenants étaient nos alliés; et maintenant, au sein de l'empire germanique, on rencontrait un homme qui garantissait par son génie et sa volonté de fer cette division toujours poursuivie, toujours voulue : Frédéric II était le symbole vivant des intérêts et de la pensée de la France en Allemagne. Comment donc la France se faisait-elle son adversaire? Conçoit-on cet abandon d'un avantage si clair et si grand?

Passe encore que la sympathie respectueuse pour une

femme courageuse, pour une mère qui défendait sa couronne et l'avenir de sa dynastie, eût ému les cœurs à l'époque de la guerre de 1741 ; mais, en 1756, alors que Marie-Thérèse était puissante, il y avait de l'aveuglement et de la fatalité dans ce rapprochement si imprévu.

Les dispositions de l'armée française auraient dû éclairer le ministère. Mais, hélas ! Madame de Pompadour était alors premier ministre, et la seule responsabilité ministérielle d'une maîtresse régnante est le mépris de la postérité.

D'ailleurs, le grand intérêt de la France était le salut de ses colonies, de ses possessions en Amérique et dans l'Inde, où La Bourdonnaie et Dupleix avaient inutilement épuisé leur génie dans les plus tristes rivalités, et avaient successivement succombé sous le poids de ces luttes intestines et de l'abandon d'une métropole livrée à des soins misérables. Le but suprême de la France était de lutter contre le géant des mers, l'Angleterre.

Eh bien, non ! Loin de se borner à cette tâche assez grande et assez difficile, la France se prêtait aux desseins de l'Autriche, au risque de relever le géant continental qu'elle avait si longtemps et si glorieusement combattu.

Cependant la marine française était dans un état de déplorable infériorité devant la puissance navale des

Anglais. Si du moins nos flottes, trop négligées pendant le long ministère sénile du cardinal Fleury, avaient eu pour appoint la flotte espagnole ! Mais Ferdinand VI régnait toujours, et ce roi caduc et nul était loin des résolutions qui dominèrent à l'avénement de son successeur Charles III ; alors le pacte de famille, resserrant les liens entre les deux branches de la maison de Bourbon, produisit naturellement cette association qui aurait été si utile quatre ans plus tôt ; en 1761, il était trop tard, et l'alliance ne fut plus que l'union de deux faiblesses : la marine française avait alors traversé de cruelles épreuves, et toute chance de lutter heureusement contre le pavillon de l'Angleterre avait disparu pour longtemps.

Je sais que le roi de Prusse avait été égoïste ; il avait dit à M. de Beauveau, dans les premiers jours de la guerre de 1741 : Le roi de France et moi, nous allons jouer le même jeu ; si j'ai des atous, nous partagerons. Or, à l'heure du partage, la Prusse garda la Silésie, et la France ne gagnait rien par le traité de 1748.

Mais n'était-ce pas la faute de Louis XV, qui s'écriait : J'ai voulu faire la guerre en roi et non en marchand !

Il est très permis de penser qu'en 1756, Frédéric II, sérieusement mis en demeure, serait entré dans une combinaison utile à la France et lui aurait volontiers garanti la Belgique. Frédéric II n'était scrupuleux qu'à l'endroit du moulin de Sans-Souci : la Silésie, vivement saisie et fortement gardée, l'aurait rendu très accessible aux volontés nettement exprimées, et la France avait plus de raisons d'attendre la Belgique de ce côté que du côté de l'Autriche. Les efforts de l'impératrice pour reconquérir la Silésie montraient que les traités n'étaient pas une barrière pour son ambition de refaire la puissance ancienne de sa dynastie; d'ailleurs, son ingratitude envers l'Angleterre, si généreuse pour elle en 1740, révélait sa vraie nature; il ne fallait pas compter sur ses promesses, et si la France avait quelque droit d'accuser le roi de Prusse, elle n'avait nul droit de prévoir plus de reconnaissance chez l'impératrice.

Lorsque Louis XV essaya de retenir Frédéric II sur la pente de la guerre, en 1756, il lui fit proposer la souveraineté de l'île de Tabago. Le roi de Prusse répondit au duc de Nivernais : Je ne me sens aucune vocation au gouvernement de l'île de Barataria. Si Frédéric II repoussait le rôle de Sancho, la France devait rejeter le rôle d'un Don Quichottisme déplorable au profit de Marie-Thérèse.

Oui, l'alliance de 1756 est un des événements néfastes de notre histoire.

Cependant les débuts de cette guerre furent heureux et brillants; la première campagne fut marquée par un magnifique succès.

Une victoire navale, le siége et la prise de Mahon, la conquête de Minorque, la gloire du maréchal de Richelieu et de l'amiral de La Galissonnière répandirent sur la France un grand éclat.

Les Anglais, dépouillés d'une si belle capture, d'un des bénéfices les plus importants de la paix d'Utrech, frémirent de colère ; ils avaient saisi sur les mers trois cents vaisseaux français, avant toute déclaration de guerre, et cependant ils n'étaient pas moins étonnés qu'indignés de leur échec à Minorque. L'opinion publique accusa le ministère et les généraux chargés de la défense d'un point si important : l'amiral Byng, fils du vainqueur de Messine, devint le bouc émissaire de cette catastrophe. Il subit, en dépit de ses grands services passés et des graves raisons qui expliquaient son malheur, une condamnation capitale que ne put conjurer et que hâta même, peut-être, une loyale déclaration du maréchal de Richelieu ; Byng fut mis à mort.

Dès lors les Anglais jurèrent de se venger et de faire expier par une lutte terrible cette humiliation qui leur était insupportable.

Pitt, depuis comte de Chatam, ce premier Pitt qui serait la plus grande personnification de l'antagonisme Anglais contre la France, s'il n'avait donné le jour à un fils plus Anglais encore, peut-être, que lui-même, Pitt premier devint ministre et fit circuler partout la sève et le feu de son patriotisme. Il était impatient de cueillir, enfin, les fruits de la prépondérance navale des Anglais; exclure la France des mers, lui ravir l'Inde et l'Amérique, la chasser des mondes lointains et la réduire à trembler sans cesse pour ses ports et ses rivages, voilà le programme ministériel du futur comte de Chatam.

De là une guerre sans relâche et sans merci. Caton avait-il autant de haine contre Carthage que Pitt contre la France? Peut-être!

L'Angleterre s'allia étroitement au roi de Prusse; elle envoya, pour le seconder en Allemagne et pour protéger les possessions du roi Georges II comme électeur d'Hanovre, une armée composée d'Anglais, d'Hanovriens et de Hessois; elle redoubla d'efforts au Canada et à Madras. Au Canada, Montcalm faisait de grandes choses et défendait admirablement la France, malgré l'abandon, malgré la rareté et l'insuffisance des secours réclamés; dans l'Inde, un certain Godeheu, homme tel que les Anglais auraient pu le souhaiter, avait succédé à Dupleix; les Anglais avaient l'avenir, et l'avenir était prochain.

En Europe, ils n'atteignaient pas si promptement leur but. L'année 1757 fut d'abord sévère pour eux; le maréchal d'Estrées gagna la bataille d'Hastenbeck, et, malgré une disgrâce qui le frappa dès le lendemain de la victoire, il avait si bien affermi la position de l'armée française que cette mobilité, cette injustice ne portèrent pour le moment nulle atteinte à la fortune de la France ; le maréchal de Richelieu vint prendre le commandement, et, continuant les succès de son prédécesseur, il repoussa le duc de Cumberland, le vaincu d'Hastembeck, vers le fond du Hanovre ; il l'enferma entre l'Elbe et le Weser ; enfin, le prince anglais, bien déchu de son ancienne gloire, se vit réduit à subir la capitulation de Closter-Seven, sorte de fourches caudines où le général français, s'il avait pressé les conséquences de sa situation, aurait pu disposer à son gré d'une armée sans espoir et sans ressources. Mais il se contenta d'un engagement pris par le prince anglais pour lui-même et pour ses soldats britanniques de ne pas combattre contre la France pendant six mois, ce qui laissait au maréchal de Richelieu la liberté d'agir sans réserves contre les Prussiens.

Pitt éprouvait sur un autre point un échec non moins sensible ; il avait fait armer une flotte chargée de ravager les ports de Rochefort et de La Rochelle, de brûler les vaisseaux, les arsenaux, les chantiers, et d'anéantir dans un de leurs centres les plus importants les forces navales de la France ; tant d'efforts, une armée nombreuse et une flotte formidable ne donnèrent que de bien minces résultats ; quelques ravages à l'île d'Aix, quelques petits forts abattus furent tout le bénéfice de cet essai.

Aussi le général Mordaunt, qui commandait l'armée de terre, faillit éprouver le sort de l'amiral Byng ; un compte sévère lui fut demandé ; traduit devant un conseil de guerre, il échappa cependant à un grand péril, parce que les ordres qu'il avait reçus furent considérés comme conditionnels, et, malgré la prétention de décréter la victoire des généraux ou leur mort, il n'y eut ni victoire ni mort du général vaincu ; mais Pitt n'abandonna pas ses projets, et il ne pâlit pas en face des difficultés effrayantes de sa situation ; il avait foi dans lui-même et dans l'Angleterre, il avait foi aussi dans l'inconstance et l'inconsistance du cabinet de Versailles ; hélas ! ce n'était pas sans raison.

La capitulation de Closter-Seven ne recevait pas la sanction du gouvernement français ; les ennemis du duc de Richelieu, actifs à le battre en brèche et à le perdre, comme on avait perdu son prédécesseur, le maréchal d'Estrées, l'accusèrent d'avoir été trop facile, de ne pas avoir profité de sa puissance. La capitulation était en suspens ; d'ailleurs, cette capitulation, placée sous la protection de l'ambassadeur de Danemarck, n'offrait aucune base solide ; car le Danemarck était trop faible pour faire valoir sa parole et son intervention.

Tout-à-coup, pendant que languissaient dans l'indécision les volontés si mobiles et si faibles de Versailles, le roi de Prusse prit la revanche des Anglais et se releva de sa défaite à Kollin par la victoire de Rosbach. L'Angleterre, heureuse de cette grande journée, se hâta de rompre la capitulation qu'elle avait subie; sous prétexte de l'expiration des délais et de violations de territoire et de parole par le maréchal de Richelieu, elle déclara que tout se bornerait au rappel du duc de Cumberland; elle plaça son armée sous les ordres du prince Ferdinand de Brunswick et reprit le cours des combats.

Alors commence une volte-face des chances et de la fortune, une éclipse trop longue de la gloire française, jusque-là si brillante. Désormais, plus de temps d'arrêt, plus de changements sensibles dans le sort de nos armées, jusqu'à la paix si lourde et si déplorable de 1763. Toujours et partout des désastres sur terre et sur mer, sur le continent et au-delà de l'Atlantique, en Europe et en Amérique et en Asie : c'est une fatale stérilité de gloire et de bonheur, une nuit profonde à peine traversée par quelques chauds et lumineux rayons dont le plus pur et le plus vif, jaillissant du ciel nébuleux de la Bretagne, revêtit d'une splendide lumière une rive inconnue jusqu'alors dans nos annales, et promue depuis cette heure et pour toujours aux grandeurs et aux dignités de l'histoire et de l'immortalité, le rivage de Saint-Cast.

Voltaire, dans son *Histoire du Siècle de Louis XV*,

au long chapitre des ruines, des catastrophes si cruellement résumées dans le traité de 1763, écrit ces lignes remarquables :

« Le seul duc d'Aiguillon vengea les côtes de France de tant d'affronts et de tant de pertes; une flotte anglaise avait fait encore une descente à Saint-Cast, près de Saint-Malo.

» Tout le pays était exposé; le duc d'Aiguillon, qui commandait dans la province, marche sur le champ à la tête de la noblesse bretonne, de quelques bataillons et des milices qu'il rencontre en chemin; il force les Anglais de se rembarquer; une partie de leur arrière-garde est tuée, l'autre faite prisonnière de guerre; mais les Français ont été malheureux partout ailleurs. Au reste, quel a été le prix de ce service du duc d'Aiguillon et de son sang versé en Italie? Une persécution publique et acharnée presque semblable à celle de Lally, qui prouve que ceux-là seuls ont raison qui se dérobent à la cour et au public. »

(Voltaire, tome 21, page 336.)

Ce passage de Voltaire est un grand hommage rendu au duc d'Aiguillon, et, sans aucun doute, Voltaire exagéra l'éloge en résumant, pour ainsi dire, dans le gouverneur de la Bretagne le mérite d'une journée dont les passions de tant d'autres ont voulu, tout au contraire, l'exclure entièrement. Mais, avant de discuter les personnes et leurs œuvres, je veux dire d'abord les choses elles-mêmes.

Pitt, enflammé par le triomphe de la Prusse à Rosbach, par les succès du prince Ferdinand de Brunswick, successeur brillant du duc de Cumberland, si effacé et si malheureux dans sa dernière campagne, continua l'application de son idée puissante : il voulut, selon ses propres termes, conquérir l'Amérique en Allemagne, empêcher, par les occupations terribles qu'y trouveraient les armées françaises, l'envoi de secours efficaces dans l'Inde et au Canada, et en même temps prévenir les victoires de la France en Allemagne, par des invasions fréquentes sur les rivages français.

De là les deux expéditions de Saint-Malo et de Cherbourg, la première au mois de juin 1758, la seconde au mois d'août suivant.

Dans l'expédition de Saint-Malo, la flotte était commandée par lord Anson, par l'amiral Hawke et par le commodore Howe, l'armée de terre par le duc de Marlborough et le général Sackville, fils du duc de Dorset.

Saint-Malo était une belle proie! un nid d'aigle sur un rocher; un port à l'embouchure d'une rivière! Cette conquête aurait ouvert la voie vers un pays riche et fertile; les Anglais auraient dominé le pays entier; mais lord Anson recula devant une si difficile entreprise ; les Anglais se contentèrent, il le fallut bien, de débarquer à Cancale ; puis, afin de se consoler de leur impuissance contre Saint-Malo, ils se précipitèrent sur Saint-Servan, brûlèrent trois frégates, vingt-quatre corsaires, soixante-dix navires marchands, quarante petits bâtiments, et des magasins de chanvre et de goudron.

Le duc de Marlborough, l'héritier de ce nom déjà trop fameux en France, répandit des proclamations écrites avec un langage digne de son aïeul ; il parlait aux Bretons comme à un peuple conquis, leur conseillait une soumission profonde, et demandait tout simplement le paiement des impôts au roi d'Angleterre ; il faisait appel au bon sens de ses nouveaux sujets, enrôlés un peu fantastiquement sous le joug de l'Angleterre, et les menaçait, dans le cas d'une désobéissance qui lui semblait impossible et qu'il ne voulait pas prévoir, du châtiment des rebelles.

Cependant, huit jours plus tard, la flotte mettait à la voile et retournait aux rives britanniques, fière des dépouilles et des dévastations qui avaient signalé ce rapide et funeste passage ; une armée se rassemblait, il fallut renoncer à de plus grandes espérances.

Mais, dès le mois d'août, Cherbourg fut envahi ; cette fois, le duc de Marlborough, parti pour l'Allemagne, où il devait succomber bientôt dans l'armée du duc de

Brunswick, avait fait place au général Bligh, célèbre alors ; la flotte était sous les ordres du commodore Howe.

Cherbourg, le port désigné à un si grand avenir, était loin de sa force présente ; cependant, ce point naturellement important avait fixé jadis l'attention de Seignelay, fils de Colbert, et son digne continuateur dans le développement de la marine française ; Louvois, toujours jaloux de concentrer tous les efforts sur l'armée de terre, avait traversé les vues d'un collégue que son envie lui transformait en adversaire. Néanmoins, après l'expérience terrible de la bataille de la Hogue, on avait compris la valeur possible de Cherbourg, et des travaux s'élevèrent ; les Anglais étaient impatients d'abattre ces grands ouvrages ; ils virent les vœux de leur haine exaucés en 1758 ; Cherbourg, qui n'avait qu'une garnison trop faible, se rendit ; le général Bligh prit possession de la place ; il démolit et rasa les fortifications du port ; il dévasta, il brûla vingt-sept navires ; il encloua cent soixante-treize canons et trois mortiers de fer ; vingt-deux canons magnifiques et deux mortiers de fonte furent envoyés en Angleterre avec un faisceau de drapeaux ; le peuple de Londres tressaillit de joie ; on vit dans ces dépouilles opimes le présage de triomphes prochains, d'un abaissement profond et définitif de la France ; les plus magnifiques horizons se déroulaient ; Pitt sourit à cette ivresse patriotique ; l'année 1758 était féconde ; les armées françaises avaient été vaincues en Allemagne, et la journée de Crevelt avait humilié nos armes. Aussi, tandis que huit mois avaient séparé l'expédition de Rochefort et celle de Cancale, deux mois à peine celle de Cancale et l'invasion de Cherbourg, on ne donna même pas un mois de repos à la flotte et à l'armée du général Bligh. On avait rencontré tant de facilités ; on trouvait la France sans trouver les Français ; les Français étaient absents pour soutenir leur honneur et relever leur fortune au-delà du Rhin ; sans doute, il ne restait plus aux foyers domestiques que des enfants, des vieillards et des femmes ; des invasions continuelles allaient épouvanter ces provinces affaiblies ! Qui pouvait désormais en France résister à l'Angleterre ?

La réponse à ces espérances violentes, les Anglais devaient la recevoir aux rives de Saint-Cast !

C'était assez d'outrages et d'humiliations ; les Anglais allaient apprendre que tous les Français n'étaient pas dans les camps de l'Allemagne, et qu'il en restait encore en Bretagne.

Mais, pour me tenir à grande distance de l'enthousiasme local et des hyperboles patriotiques, j'appelle comme premier témoin dans le débat un historien de l'Angleterre, le continuateur de Hume ; Smollett raconte ainsi la seconde invasion tentée contre la Bretagne en 1758 :

« La flotte atteignit là côte de France et jeta l'ancre

dans la baie de Saint-Lunaire, à deux lieues de Saint-Malo, qu'on était décidé à attaquer une seconde fois ; les galiotes furent rangées le long du rivage pour protéger le débarquement, qui eut lieu sur un terrain favorable. Un détachement de grenadiers alla s'emparer du port de Saint-Briac, au-dessus de Saint-Malo. On y détruisit plus de quinze petits bâtiments ; mais la ville de Saint-Malo parut n'avoir rien à craindre, protégée par la large embouchure de la Rance, qui la met hors de la portée du canon ; du côté de Saint-Briac, le port est défendu par des batteries qui, jointes à la difficulté de la navigation, en interdisent l'entrée aux vaisseaux de ligne. Sept frégates qui se trouvaient dans le bassin pouvaient, en outre, diriger leur artillerie contre les batteries du rivage et les vaisseaux qui auraient voulu entrer dans le canal.

» Ces divers obstacles firent renoncer au projet d'attaquer Saint-Malo ; mais le général Bligh, ne voulant pas se rembarquer sans avoir fait éprouver quelques pertes à l'ennemi, pénétra dans le pays ; il ne s'éloigna cependant pas de la flotte, qui, ne se trouvant pas en sûreté dans la baie de Saint-Lunaire, alla jeter l'ancre dans la baie de Saint-Cast, à trois lieues de là.

» Le 8 septembre, le général Bligh marcha avec sa petite armée vers Guildo, et y arriva le soir même ; le lendemain, il traversa un petit canal à la marée basse ;

les paysans, cachés derrière les haies et dans les maisons, tiraient sur les troupes et les harcelaient dans leur route. Le général leur fit dire par un prêtre que, s'ils continuaient, il brûlerait leurs maisons. Ils ne firent nulle attention à cette menace. Les Anglais mirent le feu à leurs habitations, après avoir établi leur camp à deux milles du canal. Le lendemain, ils arrivèrent au village de Matignon, où deux bataillons français étaient rangés en bataille ; après quelques vives escarmouches, le feu de l'artillerie anglaise et l'approche des grenadiers leur firent prendre la fuite. Le général Bligh continua sa marche, et campa dans une plaine, à trois milles de la baie de Saint-Cast. Il avait l'intention de s'y embarquer, ayant appris que le duc d'Aiguillon était arrivé de Brest à Lamballe, à six milles du camp anglais, avec douze bataillons de troupes régulières, six escadrons, deux régiments de milice, huit mortiers et dix pièces de canon. L'ennemi avait élevé un retranchement dans la baie de Saint-Cast pour empêcher un débarquement. Au-delà de ce retranchement, un rang de collines de sable s'étendait sur le rivage et protégeait l'ennemi, qui, de cette position, pouvait nuire à l'embarquement des troupes.

» On proposa au général Bligh de l'effectuer sur un rivage ouvert entre Saint-Cast et Guildo ; cet avis fut rejeté, et les opérations de l'armée furent dirigées avec une aveugle sécurité et une imprudente présomption.

» Si les troupes étaient parties dans la nuit même, elles seraient probablement arrivées sur le rivage avant que les Français eussent appris leur départ, et l'armée entière, forte de *six mille hommes*, se serait embarquée sans le moindre obstacle. Au lieu d'agir avec cette prudence, on battit le tambour à deux heures du matin, comme pour avertir l'ennemi, qui répondit sur le champ à ce signal. Les troupes étaient en marche à trois heures, et quoique le rivage de Saint-Cast ne fût qu'à trois milles de distance, les haltes furent si fréquentes qu'elles n'arrivèrent qu'à neuf heures; l'embarquement commença aussitôt, et peut-être se fût-il heureusement effectué, si les bâtiments de transport eussent été près du rivage et eussent reçu les troupes aussi promptement que les bateaux les leur apportaient; mais un grand nombre était éloigné de la côte, et chaque bateau transportait les soldats aux bâtiments auxquels ils appartenaient. On perdit ainsi beaucoup de temps; les galiotes protégeaient l'embarquement, et la plus grande partie des officiers se tenait sur le rivage pour régler le service des bateaux. Malgré leur vigilance et leurs ordres, plusieurs de ces bateaux furent employés à un autre usage. Si on se fût servi des cutters et des chaloupes de la flotte pour transporter les soldats, on eût à peine éprouvé quelques pertes. Diverses escarmouches avaient troublé la marche de l'armée anglaise; mais ce ne fut qu'au moment de l'embarquement que les Français se montrèrent en force ; ils prirent possession d'une éminence, d'où une batterie de dix canons et de huit mortiers fit de très grands ravages parmi les soldats qui étaient sur la rive et les bateaux qui les transportaient à leurs bâtiments ; l'ennemi descendit ensuite de l'éminence, dans le dessein de gagner un bois où il pourrait se former en face des Anglais, et marcher sur eux sous la protection des collines de sable. Dans ce mouvement, il souffrit beaucoup du canon de la flotte, et sa marche fut interrompue quelque temps ; cependant, il s'avança sur sa gauche, par un chemin étroit, et commença l'attaque à l'improviste, lorsque la plus grande partie des troupes anglaises était déjà embarquée.

» Les grenadiers et la moitié du premier régiment des gardes étaient restés sur le rivage, sous les ordres du major-général Dury. Cet officier, voyant les Français s'avancer, forma ses troupes par brigades, et sortit du retranchement pour charger l'ennemi avant qu'il pût se ranger en bataille dans la plaine. Malheureusement, on prit ce parti trop tard, et lorsque les Français, sortis du chemin étroit, présentaient déjà une ligne redoutable, il n'y avait plus d'espoir de résister à un nombre si supérieur.

» Au lieu de tenter le combat avec un tel désavantage, en rase campagne, les troupes anglaises auraient pu se retirer sur un rocher à gauche, et, dans cette position, leur flanc droit eût été couvert par le retranchement... l'ennemi n'aurait pu les poursuivre sur le rivage sans être exposé au feu de la flotte. Ce sage parti fut proposé au général Dury, qui le rejeta par un esprit de vertige. La ligne anglaise s'étendait sur un terrain inégal; elle commença l'action par un feu de file de la droite à la gauche, auquel l'ennemi répondit sur le champ. L'intrépidité ordinaire des soldats anglais parut les abandonner lorsqu'ils se virent en danger d'être cernés et taillés en pièces. Leurs officiers quittèrent leurs postes, et tout espoir de retraite leur fut enlevé. Une terreur panique s'empara d'eux ; ils se débandèrent et prirent la fuite dans le plus grand désordre. L'ennemi les poursuivit la baïonnette dans les reins et en fit un horrible carnage. Le général Dury, dangereusement blessé, se jeta à la mer et périt dans les flots. Un grand nombre d'officiers et de soldats eurent le même sort; plusieurs nagèrent jusqu'aux bateaux envoyés à leur secours, mais la plupart furent massacrés sur le rivage ou noyés dans la mer. Un faible détachement se retira sur le rocher et s'y défendit opiniâtrément; mais l'épuisement de ses munitions le força de se rendre à discrétion.

» Le désordre fut en grande partie occasionné par les batteries de la colline, et le massacre n'aurait pas été si considérable si les Français n'avaient pas été exaspérés par le feu de la flotte, qui continua même après la déroute des troupes anglaises. A peine le commodore l'eut-il cessé, que l'ennemi donna un noble exemple de modération et d'humanité, en faisant quartier aux vaincus ; plus de mille hommes d'élite de l'armée anglaise furent tués ou faits prisonniers. Les Français souffrirent eux-mêmes beaucoup du feu des frégates. *La clémence* des vainqueurs fut d'autant plus remarquable que les Anglais, dans cette expédition, s'étaient *honteusement* rendus coupables de pillage, d'incendie et d'autres excès. La guerre est un fléau si terrible en lui-même et si funeste dans ses conséquences que la générosité et l'humanité qui en adoucissent l'horreur doivent toujours être offertes en exemple à l'admiration des peuples.

» Après le combat de Saint-Cast, quelques messages de civilité eurent lieu entre le duc d'Aiguillon et les commandants anglais ; on reçut la liste des prisonniers, au nombre desquels étaient quatre capitaines de vaisseau. Le général français donna l'assurance que les blessés recevraient toutes les consolations et tous les secours possibles ; le commodore Howe retourna ensuite à Spithead avec sa flotte, et on débarqua les troupes. Le succès de l'expédition de Cherbourg avait inspiré au peuple une joie puérile ; le gouvernement crut devoir exciter encore son enthousiasme en exposant à ses regards, dans Hyde-Park, vingt et une pièces de canon enlevées à l'ennemi ; on les traîna en pompe à la tour, au milieu des acclamations ; la nouvelle du désastre de Saint-Cast changea cette allégresse en affliction, et cet orgueil en découragement. Les Français, de leur côté, se livrèrent à la joie ; ils commençaient à avoir besoin d'un pareil succès pour compenser les pertes qu'ils avaient éprouvées, et le ministère de Versailles ne manqua pas d'en faire ressortir les avantages ; il publia un récit pompeux du combat de Saint-Cast, et honora du nom de grande victoire l'échec qu'avait essuyé l'arrière-garde d'un faible *détachement ;* le peuple accueillit avec une crédulité aveugle un récit qui flattait ses passions, et se félicita de ce succès avec ce vif enthousiasme naturel à la nation française.

» La flotte qui avait essuyé l'échec de Saint-Cast *ne fit nulle nouvelle tentative*, et l'été se passa sans que la marine anglaise entreprît en Europe rien d'important. »

Quels sont les traits saillants de ce récit?

Tout d'abord, j'en remarque deux qui sont essentiels :

1°. L'aveu d'une leçon reçue par les Anglais sur les côtes de la Bretagne ;

2°. La force de cette leçon et sa moralité prouvée par l'abandon de ce système inouï d'expéditions incessantes contre les rivages de la France.

C'était, en effet, la quatrième entreprise dans le cours d'une seule année, de septembre 1757 à septembre 1758.

Les Anglais étaient coupables d'une triple récidive dans cet attentat d'orgueil et de conquête ; il était temps d'appliquer une énergique peine, et la Bretagne était digne d'exécuter la sentence.

Quant aux détails de la journée de Saint-Cast, Smollett réduit la victoire à la valeur d'un simple avantage sur une arrière-garde d'un faible détachement ; toutefois, il constate la perte de plus de mille hommes d'élite tués ou faits prisonniers. Il est possible que l'armée anglaise n'ait perdu qu'un tel nombre d'hommes vraiment dignes de ce nom d'élite ; mais, au-dessous d'eux, il faut placer un nombreux supplément de morts, de blessés et de prisonniers qui, pour n'être pas des hommes d'élite, s'il plaît à Smollett, n'en étaient pas moins des Anglais.

Smollett reconnaît la clémence et la générosité des Français ; il confesse le pillage, l'incendie et les excès de tout genre commis par les Anglais. Cet hommage d'un adversaire est précieux ; il place la France dans l'élite de l'humanité.

L'engagement pris par le duc d'Aiguillon de faire donner aux prisonniers toutes les consolations et tous les secours possibles honore au plus haut point le général et son armée ; la France, du reste, n'a jamais connu le système des pontons contre ses ennemis captifs ; elle donne à tous l'air et la lumière. — Cette générosité, ces égards ont un caractère élevé dans tous les temps ; mais que l'on songe à la quadruple invasion, aux expéditions dirigées contre Rochefort, contre Cherbourg, contre Saint-Malo, aux campagnes de Sir John Mordaunt, du duc de Marlborough, du général Bligh ; qu'on se rappelle le duc de Marlborough accomplissant à Saint-Servan (juin 1758) une œuvre de destruction, et se consolant de son impuissance contre Saint-Malo par des mesures violentes contre le pays qu'il menaçait des châtiments les plus sévères, si les impôts ne lui étaient payés comme au roi de France, avec promesses superbes et insolemment dédaigneuses à ceux qui accueilleraient sa souveraine autorité dans le silence et le respect ; que l'on pense à toute l'indignation soulevée par les dévastations des Anglais à Cherbourg, par la destruction du port, des arsenaux, des chantiers, par l'incendie de vingt-sept navires, et par la dureté (que Smollett lui-même blâme hautement) contre les habitants de la Normandie, moins actifs cette fois et plus patients que les Bretons ; alors, on éprouvera une émotion respectueuse en présence de cette générosité si peu méritée ; quatre invasions à la manière des Normands du neuvième siècle, quatre incursions violentes sur le territoire français faisaient des Anglais l'idéal de la provocation et de l'outrage ; les Français, maîtres encore d'eux-mêmes et capables de clémence après de telles épreuves et de si cruelles insultes, sont ici l'idéal de l'humanité.

Ce n'est pas tout, Smollett dit que le massacre aurait été moindre si les Français n'avaient pas été exaspérés par le feu de la flotte, qui continua même après la défaite des troupes anglaises.

Ainsi la responsabilité, pour une part notable des victimes de ce combat, doit peser sur les commandants des vaisseaux anglais, dont les canons imposaient la continuation de la lutte aux Français menacés et souvent atteints par des boulets désormais inutiles, et même dangereux pour ceux qu'on voulait défendre.

Le récit de Smollett, considéré comme expression de l'opinion générale des Anglais sur le combat de Saint-Cast, trouve une éclatante confirmation dans le passage, relatif à cette journée, d'un livre remarquable, publié récemment par lord Mahon sous ce titre : *Histoire d'Angleterre depuis la paix d'Utrecht jusqu'à la paix de Versailles*, 1713-1783.

Lord Mahon se rattache à la grande renommée, à la gloire nationale des deux Pitt ; une fille du comte de Chatam, le ministre immortel de 1757, épousa le grand-père de l'historien ; on peut donc regarder comme précieux les aveux de l'écrivain dans ces conditions de respect et de défense personnelle d'une époque où son ancêtre occupe une si magnifique place. Or, lord Mahon, lui aussi, ne cherche pas à dissimuler les pillages et les violences des

Anglais pendant l'expédition, qui eut pour dénouement le combat de Saint-Cast ; il blâme l'exagération et les emportements inouïs de l'orgueil anglais, et cette jactance du docteur Hay :

« Il sera bientôt aussi honteux à un Anglais de battre un Français, qu'à un homme de battre une femme. »

Lord Mahon rappelle le mot d'Horace Walpole au sujet des volontaires nombreux, d'une très haute distinction, qui s'élancèrent dans les armées dirigées contre les Français ; c'était la pourpre la plus brillante du sang de l'Angleterre : *the purplest blood of England.*

Il dit aussi que le prince Ferdinand de Brunswick reconnaît dans ses dépêches que ces diversions des troupes anglaises sur les côtes de Bretagne et de Normandie avaient arrêté les envois de secours à l'armée française d'Allemagne.

Il ajoute que, malgré les ravages commis et les pertes éprouvées par les provinces envahies, M. Fox avait raison de dire : Nous allons casser les vitres et les fenêtres des Français avec des guinées ; c'était aussi le sentiment de lord Chesterfield, écrivant à son fils ; le roi Georges II fit lui-même cette sage observation : Je n'ai jamais eu bonne opinion de ce projet d'invasions ; nous pourrons nous vanter d'avoir brûlé leurs vaisseaux ; mais, en revanche, ils se vanteront de nous avoir chassés.

Lord Mahon, enfin, dit que, dans l'expédition de Cherbourg, la gloire des troupes anglaises fut ternie par leur déplorable conduite ; la discipline fut négligée par les officiers, et, malgré une proclamation qui promettait l'ordre et la protection aux habitants paisibles, il y eut de nombreux actes de pillage et de dévastations ; lord Mahon a la prétention, cependant, de réduire à quinze cents le nombre des Anglais formant l'arrière-garde de l'armée du général Bligh, qui, sous le commandement du major-général Dury, soutinrent à Saint-Cast tout le choc des Français ; et, d'après lui, la perte totale des Anglais en morts et prisonniers fut, à peu près, de mille hommes seulement.

Après avoir constaté, par le témoignage irrécusable de deux historiens anglais, ce que j'appellerai le minimum de la bataille de Saint-Cast, je crois qu'on peut, sans craindre, et surtout sans mériter le reproche d'exagération, élever de quelques degrés au moins l'importance et la grandeur de cette journée ; il y a lieu de modifier les chiffres des deux armées engagées, le nombre des morts et des blessés de l'armée anglaise et le nombre des prisonniers.

Une seconde question restera : A qui appartient la gloire de cette journée ? Quelle est la juste part qu'on doit assigner au général français, au gouverneur de la Bretagne, au duc d'Aiguillon ?

Ici, plusieurs témoignages contemporains se présentent : des historiens célèbres, Voltaire et Duclos, des acteurs et des spectateurs du combat, Rioust des Villaudrens, loyal et brave citoyen de Matignon, un anonyme dont le récit est inséré dans une notice sur la bataille de Saint-Cast (*Annuaire de Dinan* pour 1836), et le naïf curé de Saint-Cast, l'abbé Maurice, dont le journal sur l'expédition des Anglais a été plusieurs fois publié.

Première question. — LA VÉRITÉ SUR LE COMBAT.

Quel était le véritable chiffre, quelle était la force de l'armée du général Bligh et de la flotte commandée par le commodore Howe ?

Duclos (tome VI, pages 390, 391) n'assigne aucun chiffre au corps expéditionnaire des Anglais ; il dit seulement que, dans une *forte armée*, se trouvait l'élite des troupes anglaises, un corps de volontaires de la première qualité, parmi lesquels on distinguait le prince Edouard, petit-fils de Georges II, alors régnant, frère du prince de Galles, depuis Georges III ; il ajoute que Bligh fut saisi d'épouvante à la vue de quelques régiments et des milices formées de gardes-côtes, de paysans rassemblés à la hâte et conduits par des gentilshommes bretons, et qu'il ne songea plus qu'à se rembarquer précipitamment.

J'ai déjà cité le texte célèbre de Voltaire, dans son *Histoire de Louis XV*, au chapitre : Pertes des Français.

Voltaire nous montre le duc d'Aiguillon marchant à la tête de la noblesse bretonne et des milices qu'il rencontre en chemin, forçant les Anglais à se rembarquer avec perte de leur arrière-garde, dont une part est tuée, l'autre faite prisonnière.

Dans la correspondance générale de Voltaire, nous rencontrons aussi des pages relatives à l'expédition des Anglais ; il écrit à la comtesse de Lutzelbourg (aux Délices, le 20 septembre 1758) :

« La nouvelle vous sera venue de Paris de la défaite des Anglais auprès de Saint-Malo ; c'est du baume sur la blessure que la perte de Louisbourg nous a faite. »

Il dit encore à la même, le 2 octobre suivant :

« Je doute fort qu'on ait tué trois mille hommes aux Anglais auprès de Saint-Malo ; mais j'avoue que je le souhaite ; cela n'est pas humain ; mais peut-on avoir pitié des pirates ! »

Pitié des pirates ! ce terme est remarquable ; il est bien amer et terrible dans la bouche de Voltaire, de l'auteur des *Lettres sur les Anglais*, de celui qui, sous une forme plus vive et plus légère, ne se montre pas moins épris que

Montesquieu lui-même de la liberté des Anglais, de leur gouvernement, de leurs institutions, de leur supériorité philosophique sur la France et ces Français que Voltaire ne craint pas de railler et d'appeler des Welches, à l'époque où les désastres de la patrie auraient dû la lui rendre plus chère et plus sacrée ; il est vrai que Voltaire avait eu le malheur immortel d'insulter Jeanne d'Arc, la vierge libératrice ; il expie ce crime en perdant quelquefois, lui si admirable par l'esprit, par la clairvoyance, le sens du respect pour son pays et pour les douleurs publiques.

Mais je tiens à ce mot de pirates, que ses affections et ses idées rendent plus sévère encore. Oui, ceux que plus tard on devait nommer, jusqu'à satiété banale, nos aînés en liberté, avaient, ce semble, voulu exercer un peu brutalement sur la Bretagne leur droit d'aînesse, qu'ils aiment fort à proclamer et à organiser sur toutes les mers et sur tous les continents ; mais les cadets en liberté avaient pris la liberté grande de chasser leurs aînés, beaucoup trop avides et trop envahissants.

On connaît ce trait de Louis XV : M. De Lauraguais, anglomane, arrivait de Londres, et un tel voyage était alors un événement ; le roi lui demanda ce qu'il avait fait en Angleterre, et le duc répondit, avec un accent superbe : J'ai appris à penser. — Panser des chevaux, répliqua Louis XV.

A Saint-Cast, la Bretagne pansait les blessures de la France ; elle répandit du baume sur nos plaies saignantes ; l'hommage de Voltaire est beau. En résumé, Voltaire et Duclos n'ont rien de précis sur les forces anglaises et françaises dans la journée de Saint-Cast ; ils proclament une victoire ; mais le degré, mais l'importance de ce succès, ils ne les fixent pas.

Si je descends des historiens contemporains aux écrivains récents, je trouve le même vague, la même incertitude dans le passage de M. Lacretelle sur la journée du 11 septembre 1758. Ce passage très court (*Histoire du Dix-Huitième Siècle,* tome 3, pages 349 et 348) contient une erreur grave quant à la date du combat, qu'il place au 4 septembre ; quant au nombre des Anglais débarqués, il l'élève à treize mille, et il porte leur perte à cinq mille ; ces proportions sont généralement considérées comme trop fortes ; s'il est juste de croire que Smollett reste en deçà de la vérité lorsqu'il réduit à six mille hommes les forces du général Bligh, peut-être faut-il signaler l'excès contraire chez M. Lacretelle.

Cependant, je trouve dans un livre anonyme assez rare (*Vie Privée de Louis XV*), imprimé à Londres par John Packington, en 1781, livre qui n'est pas suspect de partialité pour le roi, pour son gouvernement, pour M. d'Aiguillon, et qui me semble, sinon bienveillant, du moins fort équitable pour les Anglais, je trouve, dis-je, dans ce livre (tome 3, page 171), les lignes qui suivent : « Cette troisième fois, les Anglais furent punis de leur audace ; le duc d'Aiguillon les joignit le 11 septembre à Saint-Cast, les força de se rembarquer précipitamment, fit sept cents prisonniers et leur causa une perte de plus de quatre mille hommes, tant tués que noyés. De treize mille hommes qu'ils avaient mis à terre, il s'en sauva à peine huit mille. »

L'accord entre cette évaluation et celle de M. Lacretelle est assez remarquable, les deux versions portant la perte des Anglais à cinq mille, avec cette seule différence que l'auteur de *la Vie Privée* décompose le chiffre total en sept cents prisonniers et plus de quatre mille tués et noyés, tandis que M. Lacretelle donne la perte en bloc et sans détails ; le chiffre de l'armée est, du reste, le même dans les deux récits : treize mille.

M. le comte Daru n'est pas plus explicite que Voltaire et Duclos ; il dit dans son *Histoire de Bretagne* (tome 3, pages 347 et 348) : « Les Anglais firent une descente en 1758 sur la côte de Saint-Cast, près de Saint-Malo ; les milices bretonnes accoururent et les forcèrent de se rembarquer, après leur avoir fait essuyer une perte considérable. »

Une perte considérable ! Ce mot est bien insuffisant ; à qui recourir pour trouver la vérité ? Je crois que la source la plus sûre, et surtout la plus pure, est le récit très simple, très modeste, mais noble et grand par cette simplicité, par cette modestie mêmes, de Rioust des Villaudrens. Ce combattant de Saint-Cast, ce volontaire d'élite m'apparaît avec tous les caractères d'un patriotisme antique et digne des héros de Plutarque ; il raconte avec une bonne grâce et une loyauté naïve ses mâles efforts pour prévenir ou du moins retarder l'invasion du territoire au-delà de l'Arguenon ; Rioust des Villaudrens, que sa considération personnelle et sa fortune avaient investi d'une certaine puissance sur son entourage, dès qu'il apprit le débarquement des Anglais à Saint-Lunaire et leur marche envahissante à travers les campagnes de Saint-Briac, de Pleurtuit, de Ploubalay, de Créhen, prit, avec ses amis et les laboureurs de ses terres, une généreuse initiative : il envoie des courriers au duc d'Aiguillon, et lui adresse les avis les plus utiles, les détails les plus précis ; puis, au péril de sa vie, au risque d'attirer les premiers coups des Anglais et leur vengeance sur sa personne et sur ses terres, il court aux bords de l'Arguenon ; là, il occupe, avec sa petite troupe, la rive gauche de cette rivière, au point que les Anglais devaient naturellement choisir pour leur passage à marée basse, et, s'abritant derrière les murs des jardins et les buissons, il ouvre un feu soutenu contre les ennemis, qui, ne voyant pas clairement leurs adversaires, ne pouvaient en apprécier le nombre ; et ainsi il tient en échec l'armée des Anglais et donne aux troupes, qui venaient à marches forcées, le temps d'atteindre assez tôt le but de leurs fatigues.

Rioust ne se retira qu'à la dernière extrémité, devant les forces écrasantes des Anglais, parvenus enfin à franchir l'Arguenon sur la grève de Quatre-Vaux, devant le village de Sainte-Brigitte ; il se rendit ensuite près du duc d'Aiguillon, suivit l'armée, prit part au combat de Saint-Cast, où il fut blessé légèrement; il eut l'honneur de recevoir le général-gouverneur dans sa maison, le soir même de la bataille, et l'honneur plus grand, quoique lourd, de trouver sa demeure dévastée avec une violence et un esprit de razzia inspirés par la colère qu'avaient bien méritée son courage et son dévouement patriotiques, signalés au général Bligh, qui aurait volontiers fait tomber son ressentiment sur un homme si digne de sa haine.

Rioust nous donne le nom des chefs de l'armée française, des régiments qui la composaient ; nous voyons M. De Balleroy à la droite; M. De Broc au centre; M. D'Aubigny, le héros de la journée, à l'aile gauche; le chevalier De Saint-Pern à la tête de la réserve, formée d'un bataillon du régiment de Penthièvre et de trois bataillons de volontaires étrangers. La plus grande partie des troupes de la Bretagne avait reçu l'ordre de marcher vers Saint-Cast ; il n'y avait d'exception que pour les garnisons de Belle-Isle, de Lorient, du Port-Louis, de Brest et du comté nantais.

Rioust nous montre l'ardeur extraordinaire du combat, qui ne dura, il est vrai, que deux heures et demie, mais avec un feu très soutenu, lorsqu'il dit que le rivage était couvert de sang et que les flots de la mer étaient rouges. La mer qui montait noya beaucoup d'Anglais ; leur perte fut d'autant plus grande que les gardes à pied de la maison du roi et les grenadiers de l'armée furent presque tous victimes de la journée ; en somme, il affirme que les Anglais purent perdre trois mille hommes, tant morts que blessés et prisonniers ; les Français n'eurent pas, dit-il, deux cents hommes tués, et le nombre des blessés ne fut pas plus élevé ; « mais, parmi les blessés, il y avait des officiers de marque. »

Rioust parle avec insistance des grands services rendus par le général chargé du commandement de l'artillerie, Taboureau-Villepatour, qui déjà avait mérité dans l'Inde une belle renommée militaire. — Le marquis de Cucé et le comte de Montaigu succombèrent aux suites de leurs blessures.

Si l'on joint aux forces régulières les volontaires accourus de toutes parts, on voit que les Français avaient la supériorité du nombre. *Le Récit d'un Militaire* leur attribue une force de huit mille hommes contre trois mille

Anglais seuls entrés en ligne, le reste étant embarqué déjà à l'arrivée de l'armée du duc d'Aiguillon.

Aussi le combat de Saint-Cast est-il bien moins remarquable comme fait militaire que comme élan national ; les Français et les volontaires bretons n'auraient pas reculé devant des adversaires beaucoup plus nombreux ; pour délivrer leurs rivages, ils auraient renversé tous les obstacles et brisé leurs ennemis ; l'inspiration de leurs foyers à défendre, de leur patrie à venger auraient suffi à la plus redoutable tâche ; les Bretons qui s'élancèrent à Saint-Cast ne comptaient pas plus les Anglais qu'ils ne comptaient pour quelque chose les périls et leur vie même ; ils n'avaient que deux idées : la France et l'Angleterre, leur pays et l'ennemi, le sol natal et le devoir d'épouvanter et de chasser des envahisseurs odieux et insolemment obstinés dans l'œuvre de la haine.

J'aime à trouver ce sentiment national dans *le Journal du Curé de Saint-Cast*, l'abbé Maurice. Ce digne pasteur ne voulut pas se séparer de son troupeau ; il blâme énergiquement plusieurs de ses collégues qui ne montraient pas le même courage ; réduit à donner, la veille de la bataille, aux principaux officiers de l'état-major du général Bligh, une hospitalité poignante pour son patriotisme, il raconte que la conversation s'étendit sur la prise de Port-Mahon, sur la guerre du Hanovre, sur les conquêtes récentes des Anglais dans le Canada et leur entrée à Louisbourg. Ces convives forcés du presbytère de Saint-Cast parlaient avec une grande assurance de leur supériorité maritime, et ils juraient qu'en 1759, ils seraient maîtres de Saint-Malo.

Mais le brave curé se souvient de ses études classiques, et il dit :

Verba et voces, prœterea que nihil : des mots, des paroles, et puis... rien.

Il est une autre devise classique en Bretagne :

Potius mori quàm fœdari ; et la traduction nationale serait : Plutôt mourir que vivre sujets de l'Angleterre !

Seconde question. — LA VÉRITÉ SUR LES COMBATTANTS DE SAINT-CAST.

A qui appartient la gloire de la journée du 11 septembre 1758 ?

Comment l'histoire contemporaine et l'histoire plus lointaine ont-elles distribué le mérite et l'honneur de ce combat ? Quelle est l'opinion générale ? Quelle est la vérité ?

Et, d'abord, que faut-il penser du général en chef, le duc d'Aiguillon ?

Je trouve dans un grand événement de nos jours une situation fort analogue à celle du gouverneur de la Bretagne.

Qu'on se rappelle l'armée d'Alger, l'armée de la conquête, commandée par M. de Bourmont, ce ministre de la guerre si profondément antipathique à l'opinion dominante, ce général habile et vraiment distingué, dont le choix était trop dangereux en présence d'un de ces souvenirs implacables qui poursuivent un homme jusque dans la tombe, et dont il est terrible pour un gouvernement d'assumer la solidarité ; eh bien ! le duc d'Aiguillon était populaire en Bretagne, au parlement, dans la noblesse, partout, à peu près comme M. de Bourmont dans les bureaux et dans les pages du *Constitutionnel* et du *National* en 1830.

Aussi, voyez le mot du procureur-général La Chalotais, se répandant avec cette électricité morale qui n'avait rien à envier au télégraphe électrique : « Le général s'est plus couvert de farine que de gloire. »

Ecoutez ce refrain d'un immense écho :

Couvert de farine et de gloire,
De Saint-Cast, héros trop fameux,
Sois modeste dans la victoire ;
On peut, d'un souffle dangereux,
Te les enlever toutes deux.

Formule rimée de la haine et du mépris !

Le duc d'Aiguillon ! Pour la Bretagne indépendante, jalouse et fiévreuse dans l'amour et la revendication de ses droits, de ses libertés provinciales, de ses états, de son parlement, le duc d'Aiguillon était une odieuse personnification. Il était l'invasion de la Bretagne par la France, de la province par la cour, de Rennes par Versailles, les gouverneurs et les intendants, un Anglais presque pour les Bretons. Notre pays avait de fortes et ombrageuses défiances contre tout ce qui venait de Paris ; il mettait volontiers à la disposition de la France beaucoup de sang généreux ; mais il se montrait avare de son or et de son obéissance ; or, le gouvernement voulait assouplir et réduire la Bretagne, et le duc d'Aiguillon venait chargé de cette rude mission.

Héritier du cardinal de Richelieu, chef des cadets de cette race illustre, partisan énergique du pouvoir absolu qui fait fléchir toutes les résistances, abaisse toutes les oppositions et brise les garanties et les priviléges locaux, le duc d'Aiguillon lisait sans cesse *le Testament* de son grand-oncle. Indigné des doutes élevés sur l'authenticité de ce livre récemment publié, il avait prié M. De Foncemagne, de l'académie des inscriptions et belles-lettres, de prouver la vérité de ce monument politique.

Le duc d'Aiguillon traitait lestement, d'une façon trop

cavalière et avec la superbe d'un grand seigneur de Versailles, le fier esprit provincial de la Bretagne. Ce n'est pas que son despotisme fût rétrograde et obscurantiste, pour employer un terme en grande faveur plus tard ; son absolutisme était ce que M. Zea Bermudet voulait donner à l'Espagne, il y a trente ans, *despotismo illustrado*, un despotisme éclairé, sorte de gouvernement qui a parfois ses avantages et répond, hélas ! aux besoins de certaines époques. M. le comte Daru a dit :

« Appelé au commandement de la Bretagne en 1753, le duc d'Aiguillon y apporta des vues qu'on ne peut blâmer, mais dont il ne sut pas faire sentir l'utilité aux habitants. Pour assurer la défense des côtes, il fit élever des forts et organisa des milices. Pour faciliter les communications, il entreprit de percer des routes dans un pays qui n'en avait qu'une. Dans tous ses projets, on ne vit que les corvées, les dépenses, l'esprit de domination, les abus de pouvoir ; on éclata en murmures. »

Charles III s'écriait, en voyant la révolte de Madrid contre les réformes les plus sages : « Les Espagnols sont comme les enfants ; ils pleurent lorsqu'on les décrasse. »

La Bretagne ne pleurait pas ; mais elle frémissait et levait une tête indignée.

Après cela, que le duc d'Aiguillon fasse des merveilles, qu'il sauve la Bretagne, qu'importe ? Il est impopulaire ;

il est détesté ; d'une main ennemie, tous les services tomberont odieux ; ils seront niés . et les intentions seront envenimées.

Cependant, Voltaire nous répète :

« Le seul duc d'Aiguillon vengea les côtes de France de tant d'affronts et de tant de pertes.

» Au reste, quel a été le prix de ce service du duc d'Aiguillon et de son sang versé en Italie ? Une persécution publique et acharnée qui prouve que ceux-là seuls ont raison qui se dérobent à la cour et au public. »

Ogée, dans son *Dictionnaire de Bretagne*, parle avec grand éloge du duc d'Aiguillon ; il lui assigne le premier rang dans la victoire : « Tel fut le combat de Saint-Cast, qui fit tant d'honneur au commandant de la province. »

M. Daru s'exprime ainsi :

« Les Anglais se chargèrent de justifier les précautions du gouverneur, lorsqu'ils firent en 1758 une descente sur la côte de Saint-Cast, près de Saint-Malo. Les milices bretonnes accoururent et les forcèrent de se rembarquer, après leur avoir fait essuyer une perte considérable. Tout cela n'empêche pas que ce succès, qu'on devait peut-être. au moins en partie, à la prévoyance du duc d'Aiguillon. ne fournît contre lui un nouveau sujet d'accusation ; on publia qu'il s'était mal montré devant les ennemis. De part et d'autre, les esprits s'aigrirent ; le gouverneur se vengea par des actes de hauteur ; ses ennemis l'attaquèrent par des satires ; il était odieux et il commençait à être méprisé. »

Voilà bien l'humanité avec la parfaite imperfectibilité de ses passions. Le succès du duc d'Aiguillon fournit contre lui un nouveau sujet d'accusation par la journée même de Saint-Cast. L'homme essentiellement impopulaire est odieux, s'il ne fait pas son devoir ; il l'est encore davantage s'il réfute par de grandes actions les accusations qui le poursuivent ; les services avoués le relèveraient d'une chute implacablement décrétée.

Cependant, les sentences de la haine doivent être révisées par la postérité plus calme et plus juste. Je lis dans le récit de Rioust des Villaudrens :

« Nos troupes, pressées par l'ardeur de M. le duc d'Aiguillon et par le désir de combattre les Anglais, qui les faisaient courir depuis si longtemps, se rassemblaient avec tant de vîtesse que le régiment royal des vaisseaux vint en trois jours de Brest à Saint-Pôtan. » Rioust nous parle de la diligence à tout prévoir que montrait M. le duc et de l'activité qui réunit si rapidement une force de sept mille hommes.

En sens contraire, *le Récit d'un Militaire* français, qui élève l'armée au chiffre de huit à neuf mille hommes (chiffre fort supérieur à celui de Rioust), critique sévèrement la conduite du gouverneur.

« Il n'y avait, dit-il, aucune subsistance ; point de chirurgien commandé sur les lieux pour recevoir les blessés ; point de chariots pour les enlever ; lors de la bataille, il y avait plus de trente-six heures que les soldats n'avaient mangé... Si on eût attaqué deux heures plus tôt, aucun ennemi n'aurait pu se rembarquer. Si M. le duc eût joint M. d'Aubigny le 10 au soir, ou qu'il lui eût envoyé des ordres, on aurait défait en totalité et sans perdre beaucoup de monde l'armée ennemie, qui, pour lors, n'avait pas connaissance de nous, qui n'avait aucune patrouille autour de son camp, qui n'avait point de canons, et qui ne pouvait être protégée par le feu des vaisseaux. Si l'on eût fait défiler en même temps les trois colonnes le jour du combat, nous aurions perdu moins de monde, parce que l'ennemi eût été obligé de partager son feu, et peut-être eût-il mis bas les armes. — Etait-il sage d'ôter la garnison de Saint-Malo, tandis qu'il y avait suffisamment d'autres troupes ? et n'était-il pas à craindre que les Anglais, profitant de ce moment pour venir donner l'assaut à la ville, les bourgeois n'eussent pas été en état de la défendre, ou que la terreur les eût pris, n'ayant point de troupes réglées ? Etait-il prudent de congédier les troupes immédiatement après la bataille, et n'était-il pas à craindre que l'ennemi ne mît à terre, pour ravager le pays, les cinq mille hommes qui lui restaient ? Etait-il impossible, en prenant les mesures convenables, que l'artillerie, partie le 7 de Saint-Malo, arrivât à temps à Saint-Cast ? »

Duclos dépasse encore les rigueurs de cette opinion si dure :

» Si le duc d'Aiguillon, commandant en chef de la province, eût répondu au zèle des habitants, il ne se serait pas rembarqué un seul Anglais ; il craignit de se *commettre* dans une occasion où une gloire facile venait s'offrir elle-même. Je n'ai jamais eu qu'à me louer de lui ; je voudrais avoir à lui rendre une justice plus favorable, mais je dois encore davantage à la vérité et à la patrie. Quand il fut à portée de combattre, il ne voulut profiter de la terreur de l'ennemi que pour en hâter la retraite ; il ignorait combien une attaque audacieuse peut augmenter la frayeur d'un ennemi qui, se voyant une ressource pour la fuite dans ses vaisseaux, y court en désordre et ne cherche pas son salut dans le désespoir.

» Les Anglais se pressaient de s'embarquer, et les Bretons frémissaient de voir échapper de leurs mains la vengeance qu'ils pouvaient tirer de leurs ennemis. M. d'Aubigny, qui servait sous le duc d'Aiguillon, las de demander et impatient de ne pas recevoir l'ordre d'attaquer, engagea l'action en faisant marcher le régiment de Boulonnais ; les gentilshommes bretons, qui formaient un corps de volontaires, se joignirent au premier rang des grenadiers.

» Le chevalier de La Tour-d'Auvergne, colonel de Boulonnais, voyant la manœuvre des gentilshommes, quitta son poste du centre, et vint leur demander la permission de se mettre à leur tête. Les régiments de Brie, de Marbœuf, le bataillon de milice accourent ; les Français, attaquant les Anglais dans leurs retranchements, malgré le feu de la mousqueterie et celui du canon de la flotte, les dépostent, les poussent presque dans la mer, y entrent jusqu'à la ceinture et combattent corps à corps ; le carnage fut grand ; plus de deux mille Anglais furent tués ou noyés ; un pareil nombre, qui ne put regagner la flotte, cherchait à fuir en grimpant à travers les rochers, et fut pris après le combat. On vit dans cette occasion ce que peut la persuasion la plus légère d'avoir une patrie. »

Le militaire français ne mettait en cause que la prévoyance et l'habileté du duc d'Aiguillon, il se contentait de l'accuser d'incurie, de négligence coupable dans le soin d'une armée qui manquait de tout avant de marcher au combat, et n'avait pas un seul médecin pour venir au secours des blessés, de telle sorte que ce duc d'Aiguillon, couvert de farine par La Chalotais, oubliait le pain des soldats.

Duclos, plus inexorable encore, enveloppe dans ses terribles censures l'honneur et le courage du général.

« Le duc d'Aiguillon craignit de se *commettre*, même pour cueillir une gloire facile. »

Est-ce possible ! Un Richelieu, un petit-neveu de ce cardinal si énergique et si courageux, en qui le prêtre était, peut-être, la moindre dimension ! Voltaire rappelle que le duc d'Aiguillon s'était signalé par sa bravoure et ses services en Italie. Il aurait donc bien dégénéré de lui-même et des habitudes brillantes de cette noblesse souvent indisciplinée et trop adonnée au luxe de Versailles, mais chevaleresque et peu soucieuse du péril ; elle l'avait prouvé à Fontenoy quand elle s'écriait : « Messieurs les Anglais, tirez les premiers ; » elle le prouvait chaque jour encore dans la guerre de Sept-Ans ; sur terre et sur mer, le malheur et les désastres ne pouvaient abattre le courage et éteindre un héroïsme dont l'immortel d'Assas allait bientôt devenir l'idéal sublime !

Quand même je n'entendrais pas la voix d'un témoin irréprochable, qui proclame le courage du duc d'Aiguillon, je dirais que tout proteste contre l'infamie d'une telle désertion du devoir, d'une telle indignité dans une si haute situation, dans une si grande circonstance.

Rioust des Villaudrens le déclare.

« Le succès fut décidé lorsque M. d'Aiguillon fit avancer la colonne de M. de Broc, formée de six compagnies de grenadiers, de quatre cents dragons de Marbœuf à pied et de dix piquets d'infanterie ; elle déboucha par l'avenue du château de Saint-Cast ; *j'étais* dans cette colonne. »

J'étais dans cette colonne ; il a vu, il a combattu.

Pour moi, je préfère le témoignage de Rioust à celui de Duclos ; je préfère un témoin oculaire à un témoin éloigné, un témoin exempt de passions et de préjugés à un témoin dominé par des ressentiments et par l'esprit général de la Bretagne, sa patrie, et de Paris, sa demeure ordinaire.

Il est vrai, Rioust n'est pas historiographe de France ; il n'est pas membre de l'académie française et de l'académie des inscriptions et belles-lettres ; il n'est pas secrétaire perpétuel des Quarante ; mais il est secrétaire de la vérité, de la justice, de la vraie franchise bretonne ; il est étranger aux luttes des parlements et des jésuites, des états et de la cour ; mais il défend le sol natal contre l'invasion ; il veut que sa patrie soit libre, soit chez elle maîtresse et indépendante ; du reste, il se montre équitable même pour l'ennemi, qu'il chasse et qui a dévasté sa maison et ses terres.

« Si nos soldats combattaient vaillamment, l'Anglais ne témoignait pas moins de courage. »

Duclos, Breton toujours et partout, même à Paris, même dans les salons et à l'Académie, Duclos, qui garde jusqu'au bout sa caustique et spirituelle verdeur natale, est malheureusement un homme de parti ; il est ami de La Chalotais et sensible aux ennuis cruels du procureur-général, qu'il regarde comme une victime du gouverneur, de son despotisme et de sa vengeance ; je récuse donc le secrétaire perpétuel de l'académie française, et je m'en tiens au récit du citoyen de Matignon.

La flatterie était hyperbolique lorsqu'elle chantait assez grossièrement les Anglais repoussés par l'aiguillon du gouverneur ; mais si cette course à l'aiguillon, dans les flancs de l'ennemi, est une allégorie fade et un jeu de mots adulateur, quoique assez naturel et assez indiqué par le nom même du général ; d'un autre côté, cette immobilité du général au milieu du péril, cette froideur et cette ignoble apathie ont pour moi toutes les couleurs de la fable et tous les caractères de la calomnie. Je crois que l'on peut dire : Voltaire donne trop au duc d'Aiguillon, car il lui donne tout.

Duclos ne lui donne pas assez, car il lui refuse tout, sinon la honte à haute dose.

La vérité n'est pas dans ces extrémités violentes.

Le duc d'Aiguillon, quoi qu'on puisse et doive en penser par ailleurs, ne fut pas cette fois indigne de marcher à la tête des forces françaises et bretonnes ; il pressa de toutes parts l'arrivée des troupes par des marches vigoureuses ; il choisit sur le champ de bataille un poste élevé qui lui permettait de diriger et de surveiller tous les mouvements et toutes les manœuvres ; s'il ne combattit pas en héros, il ne se cacha pas en lâche ; s'il ne se couvrit pas de gloire, il ne se couvrit pas d'ignominie ; il ne mérita pas les gémonies où La Chalotais voulut le traîner couvert d'une farine infamante ; c'est une chronique de haine et de ridicule à mettre sur la même ligne que la chronique conservée par Ogée de ces Anglais épouvantés qui se couvraient de chapelets pour obtenir, par l'affectation de la religion des vainqueurs, la clémence et le pardon ; la farine, la meunière et les chapelets sont, on peut le dire, *ejusdem farinæ*.

Incrédule devant le roman des chapelets anglais, je crois aux prières émues et suppliantes que, sans doute, élevèrent vers le ciel pendant le combat les femmes et les filles des guerriers engagés dans une lutte sanglante. La modeste et pauvre église de Saint-Cast, qui vit souvent les larmes et les vœux des épouses tremblant, à l'heure des tempêtes, pour la vie des marins menacés par les vagues irritées, l'autel de la Vierge où les petits enfants, guidés par leurs mères éplorées, venaient allumer un cierge, durent entendre dans ce jour des paroles inspirées par la foi et par la tendresse alarmées.

Châteaubriand, le poète de la Bretagne, a dit dans son magnifique langage : « Lorsque la tempête gronde, la lampe allumée devant l'image de la Madone a de plus sûres clartés que le flambeau de la philosophie. »

Ils ont bonne grâce aux mains des femmes bretonnes, ces chapelets si invraisemblables aux mains des soldats anglais.

La tragédie grecque nous montre le chœur des femmes et des enfants actif à invoquer les dieux, pendant que le sort de la patrie est livré aux vicissitudes des batailles.

L'invocation de celle que l'Eglise nomme l'Etoile de la Mer a plus de beautés encore que les hymnes admirables d'Eschyle, de Sophocle et d'Euripide. Que si le reproche de monotonie s'élève contre une formule de prière cinquante fois récitée, un illustre religieux, le Père Lacordaire, a répondu pour toujours : « L'amour n'a qu'un mot, et, en le redisant sans cesse, il ne le répète jamais. »

La vérité étant désormais fixée quant à M. le duc d'Aiguillon et à sa conduite dans la journée du 11 septembre 1758, le reste est facile : pour les régiments français, pour les volontaires bretons, la justice distributive ne rencontre pas de sérieux obstacles ; seulement, il faut se défier encore de Duclos, qui est à peine plus indulgent pour l'armée que pour le général, et réserve toutes ses sympathies et tous ses hommages pour ses concitoyens courant à la défense de leur patrie.

« Les Anglais, dans leur descente en Normandie, province qui fournit autant qu'aucune autre d'excellents soldats, ne trouvèrent aucune défense de la part des habitants ; en Bretagne, les paysans s'assemblent ; quarante-cinq hommes, embusqués dans les haies, arrêtent un corps de troupes anglaises à un passage, coupent ou retardent leur retraite, donnent le temps aux autres d'arriver, et contribuent à la victoire. Des écoliers de droit, à Rennes, forment une compagnie de volontaires, engagent un ancien officier retiré du service à les commander, et marchent à l'ennemi. Des bourgeois, des gens de robe se firent tuer en combattant. Si le même esprit eût régné partout, et principalement dans les troupes, cette guerre aurait été glorieuse pour la nation, au lieu que la France a perdu son éclat dans l'opinion des étrangers..... On vit dans cette occasion ce que peut la persuasion la plus légère d'avoir une patrie. »

Les Bretons n'avaient pas seulement une persuasion légère, mais une foi profonde et indestructible ; ils savaient et vengeaient leurs droits ; ils n'hésitaient pas à braver tous les périls pour défendre et délivrer leur patrie.

Je veux citer encore ce résumé de Duclos :

« Le duc d'Aiguillon eut peu de part à l'affaire de Saint-Cast, qui lui a cependant procuré une médaille à sa gloire. Les médailles modernes rendent bien suspectes les anciennes. »

Le jugement de Duclos est une terrible médaille de sévérité. Duclos n'aimait pas les grands seigneurs : « Ils nous craignent, disait-il, comme les voleurs craignent les réverbères. » M. d'Aiguillon est éclairé d'une lumière lugubre par le réverbère de l'académicien ; il est heureux que la parole calme et sereine de Rioust des Villaudrens vienne dissiper ces teintes sombres et montrer le général en chef du combat de Saint-Cast dans un jour plus pur et plus vrai.

Duclos, malgré ses rigueurs pour l'armée française en général, mentionne honorablement dans son récit M. d'Aubigny ; il est sur ce point d'accord avec tous les témoignages contemporains ; les distinctions conférées à M. d'Aubigny sont la preuve éclatante de ses grands services : il fut nommé lieutenant-général et reçut la permission d'enlever du champ de bataille quatre pièces de canon qu'il plaça dans l'avenue de son château. La Révolution de 93 les enleva, et la demeure de cet illustre serviteur de la France fut saccagée. — Alors le nivellement se faisait inexorable sur toutes les têtes et toutes les renommées.

Entre les volontaires si unanimement loués par les historiens, et tous si dignes de notre respect et de notre reconnaissance, quelques figures se détachent de ce glorieux ensemble et fixent à un plus haut degré les regards et les hommages.

Et d'abord Rioust des Villaudrens !

Ce brave et généreux défenseur de son pays est bien l'homme heureux et sage, dont parle Voltaire, celui qui se dérobe à la cour et au public, l'homme simple et loyal, le digne et vrai citoyen qui vit dans la maison de ses pères, et cultive leurs sillons fertiles près du berceau de ses aïeux, près de son propre berceau, près de la tombe de ses devanciers et de cet humble champ du repos où ils dorment réunis, où lui-même il ira dormir ; c'est le cœur exempt des soucis de l'ambition, qui n'a jamais rêvé les conquêtes lointaines, mais ne peut concevoir sans indignation que sa terre natale soit pour un peuple ennemi une conquête, une proie ; aussi, voyez comme il grandit, comme il se dresse énergique à la vue des Anglais.

Il a la conscience fière de ses droits, la conscience profonde de ses devoirs ; il ne songe pas à la gloire, et cependant cette gloire qu'il n'avait jamais cherchée, il la trouve, il la mérite ; elle vient à lui sous la forme la plus pure et la plus vraie.

Rioust des Villaudrens est grand, héroïque sans le savoir; il prend dans la journée de Saint-Cast la place la plus sûre et la meilleure... Qui ne lui porterait envie?

Les nuages de la passion et de la haine environnent la renommée du général en chef; le voile de la modestie seule entoure la sereine et noble figure de Rioust des Villaudrens.

C'est une obligation pour la postérité bretonne de proclamer le courage, la grandeur et le dévouement de ce volontaire énergique, sa vaillante initiative au passage du Guildo, les élans et la vigueur de son patriotisme.

Un témoignage particulier de respect est dû aussi à cette noble race des Saint-Pern, dès longtemps représentée par un de ses ancêtres près du berceau et près du cercueil de Du Guesclin, et présente encore sur le champ de bataille à Saint-Cast, dans l'armée régulière et dans le corps des volontaires; un Saint-Pern commandait le régiment de Penthièvre; un autre s'élança de son château de Couellan pour repousser l'invasion; il rentra bientôt dans sa demeure seigneuriale avec son drapeau victorieux, et l'appartement où ce drapeau fut déposé prit le nom de *chambre de la bannière*. Un de ses descendants, administrateur habile et zélé de la ville de Dinan, se souvenait très vivement des récits qui instruisirent son enfance dans les traditions de famille, et il les a consignés dans un article inséré à *l'Annuaire Dinannais* pour 1836.

Le comte du Bois de La Motte, qui se trouvait à son château de Cucé, près de Rennes, avec plusieurs marins attachés à sa personne, ne voulut pas rester étranger à la répression de l'audace anglaise ; officier général de la marine française, il fut un des volontaires de Saint-Cast, et, suivi de ses matelots, il se distingua par son courage et son dévouement.

Les noms de Polignac, de Cucé, de Montaigu, qui se trouvent sur la liste des victimes de la journée, montrent que les chefs ne s'épargnaient pas et bravaient vivement le péril. Le nom de Polignac mérite une attention spéciale ; ce nom devait égaler, un jour, en impopularité, surpasser même, peut-être, le nom du duc d'Aiguillon. Faut-il être injuste pour le second comme pour le premier? n'est-il pas mieux d'être juste pour les deux ?

Le sang versé pour la France a toujours son prix ; les Polignac ont eu l'honneur d'en répandre sur plusieurs champs de bataille, et le chef de cette maison, trop fatalement célèbre en 1830, mérite qu'on dise de lui que s'il ne comprenait pas la situation intérieure de son pays, il voulait au moins sa grandeur et sa gloire ; il était à la tête du gouvernement lorsque le drapeau de la France fut arboré sur les murs d'Alger.

En dehors de la noblesse, mais à une égale hauteur de courage et de patriotisme, je dois signaler plusieurs volontaires et remarquer les mœurs et les idées qui prévalaient encore à cette époque.

M. Hercouet, de Dinan, commandant une compagnie de grenadiers garde-côtes, mérita l'admiration. On lui offrit la croix de Saint-Louis, à la condition d'abandonner le commerce de tapisserie qui assurait l'aisance de sa famille ; il refusa, et reçut seulement une modique pension qu'il conserva jusqu'à sa mort. M. Hercouet avait déjà rendu de grands services lors de la descente des Anglais à Cancale, au mois de juin précédent.

Ce courageux citoyen montra un grand sens et une modestie éclairée. Les préjugés attachés à la profession de commerçant, dans une province où le gentilhomme devait déposer son épée au greffe lorsqu'il entrait dans une spéculation commerciale, pour ne la reprendre qu'à l'heure de l'abandon des affaires, entraînèrent une exigence très exagérée sans doute ; cependant, ne soyons pas trop sévères ; il y avait quelque chose d'élevé dans ce devoir de dévouement exclusif, sans préoccupations de lucre et de négoce, au service de la patrie, dans cette sorte de sacerdoce militaire, étranger à tout calcul ; alors on voyait de vieux gentilshommes revenant pauvres, mais fiers, à leur manoir paternel, avec une pension de six cents livres; ils étaient ombrageux sur leur dignité, et regardaient les signes de l'honneur guerrier comme leur patrimoine incommunicable. Certes, ils auraient dû comprendre que leurs rangs pouvaient s'ouvrir avec empressement devant un homme d'autant plus remarquable que, n'ayant pas reçu les mêmes traditions qu'eux, il ne puisait qu'en lui-même et dans une âme civique ses belles inspirations.

Les associations d'idées sont impérieuses : l'antiquité nous montre Cincinnatus quittant la charrue pour prendre le commandement de l'armée romaine ; le courage qui passe des sillons au champ de bataille et le courage qui s'élance du fond d'un magasin de tapisserie sont toujours le courage ; le principe est le même.

Hercouet prouvait que s'il savait tapisser un salon, il était capable de tapisser avec des drapeaux conquis par sa vaillante main les monuments ds sa patrie.

La foule criait à l'entrée du maréchal de Luxembourg, le vainqueur de Fleurus, de Stunkerque et de Nerwinde : « Place, place au tapissier de Notre-Dame ! » Hercouet aurait mérité qu'on dît : Place, place au tapissier belliqueux, au tapissier-soldat ; la croix de Saint-Louis ne se serait pas égarée en se fixant sur la poitrine de ce vaillant homme.

Encore un demi-siècle, la croix d'Honneur allait

briller sur la poitrine des fils de laboureurs, d'artisans parvenus aux degrés les plus élevés de la hiérarchie militaire ; une épitaphe au Père-Lachaise devait résumer toutes les vicissitudes et les glorieuses transformations d'une grande vie par ces deux mots : Soldat-maréchal ; et le principe universel de l'admissibilité donnait désormais à tout conscrit la chance de trouver, en cherchant bien et longtemps et bravement, un bâton de maréchal au fond de sa giberne.

Le temps était proche, et les anciennes distinctions sociales, discutées chaque jour avec sévérité, commençaient à perdre leur raison d'être ; il faut l'avouer, l'exclusion d'Hercouet formait contre elles un nouvel argument. Hercouet retourna de la gloire à l'utile ; il fit bien, car il vaut mieux être bourgeois vaillant homme que bourgeois gentilhomme : M. Jourdain aurait accepté ; Hercouet refusa.

Un médecin de Dinan, M. Blanchard, fut admirable : il se rendit à Saint-Cast avec plusieurs de ses jeunes compatriotes qui voulurent l'accompagner, et pria le capitaine des grenadiers de Boulonnais de lui accorder la permission de remplacer comme volontaire le premier de ses grenadiers qui serait tué. Le régiment était au premier rang du péril, aussi Blanchard avait à peine sollicité cet honneur que les boulets ennemis vinrent ouvrir parmi les grenadiers la place réclamée ; Blanchard saisit aussitôt les armes de l'un de ceux qui venaient de tomber, et combattit pendant toute l'action avec les grenadiers, qui perdirent beaucoup de monde. Les Etats de Bretagne voulurent récompenser ce beau trait par une pension ; Blanchard déclina cet avantage en déclarant que, né pour servir son pays, il était trop heureux d'avoir contribué à la défaite des ennemis de sa patrie.

Le récit n'ajoute pas, mais il est naturel de supposer que Blanchard, médecin, mit sa science au service des blessés, et soulagea les douleurs de ses concitoyens, et peut-être même les souffrances des Anglais, devenus après le combat des infortunés à qui l'humanité devait secours et consolation.

Une telle grandeur d'âme a des beautés que je sens trop vivement pour les commenter. Placez un si énergique caractère au milieu des guerres de la révolution française, évidemment Blanchard aurait eu devant lui une carrière immense, et aurait mérité de prendre place parmi les illustrations ; cet homme était grand.

RÉSULTATS DE LA BATAILLE DE SAINT-CAST.

Smollett nous livre un aveu précieux.

« Les Anglais ne firent plus aucun essai contre les rivages de la France depuis l'échec de septembre 1758. »

Cette victoire française eut donc les plus heureuses conséquences ; elle préserva le sol, elle arrêta ces incursions audacieuses quatre fois tentées dans le cours d'une seule année.

Sans doute, le combat de Saint-Cast, bien que lourd aux Anglais , est trop léger pour faire contre-poids aux désastres redoublés qui devaient frapper la France ; il ne put conjurer les catastrophes qui s'avançaient : l'année suivante, 1759, allait éclairer les funestes journées de Minden, de Québec et de Lagos ; la France était destinée à perdre le Canada, à voir ses drapeaux humiliés en Europe, en Amérique, sur terre et sur mer.

Les ennemis avaient trop de supériorités, et nos conditions étaient trop mauvaises sous une foule de rapports.

Du côté des Anglais, je vois le génie des mers, le génie de la guerre et le génie de l'éloquence, d'admirables flottes, Frédéric II, et lord Chatam, dont la parole puissante répandait partout le patriotisme, l'amour de l'Angleterre et la haine de la France. — En Allemagne, les armées ennemies étaient commandées par le roi de Prusse et par son frère, le prince Henri, l'émule et presque l'égal du vainqueur de Rosbach et de Lissa. Tout au contraire, l'armée française était livrée à une mobilité déplorable de commandement : Louis XV, glorieusement actif à Fontenoy, était désormais engourdi dans la mollesse et la torpeur ; le dauphin sollicita vainement l'honneur de paraître et de combattre après la catastrophe de Minden, Madame de Pompadour ne voulut pas. — Ainsi, présence de chefs illustres et glorieux, unité de direction, sévérité contre les fautes, prestige du génie, tous les plus grands éléments du succès étaient le partage des adversaires de la France. Absence du roi et des princes, direction flottante, rivalité des généraux, confusion déplorable, tels étaient les traits du gouvernement de nos armées ; M. de Maillebois avait mal secondé le maréchal d'Estrées dans la campagne d'Hastenbeck, et montré des dispositions coupables ; il en fut quitte pour une courte disgrâce ; le comte de Saint-Germain fut aussi accusé de fautes graves, et la responsabilité fut nulle encore.

Et cela, pendant que Frédéric II se montrait si rigoureux envers le prince Guillaume, qui n'avait eu que le tort d'être malheureux, pendant que les Anglais étaient inexorables pour l'amiral Byng. Si, de leur côté, les bornes étaient dépassées, la France restait bien en deçà des exigences d'une forte discipline ; les suites d'une telle débonnaireté devaient être incalculables.

Les rivalités étaient plus funestes encore au-delà des mers ; les dissentiments, d'abord ; puis bientôt les luttes violentes de Dupleix et de La Bourdonnaie furent un malheur irréparable pour les possessions françaises dans l'Inde.

Pitt aurait su préserver son pays d'un si grand mal, ou du moins il aurait, par la puissance de sa volonté, arrêté le cours de ces déplorables désordres et conjuré les catastrophes qu'ils amenèrent.

Oui, lorsque je lis attentivement l'histoire de cette lugubre époque, je regarde comme inévitables ces événements si cruels pour notre patriotisme ; je ne puis concevoir un meilleur dénouement de la guerre de 1756 ; ce temps appartenait à l'Angleterre.

L'alliance de l'Autriche était mortelle pour la France ; elle laissa, par ses déplorables suites, des traces de colère et d'indignation dans l'orgueil national, et l'infortunée reine Marie-Antoinette en subissait la responsabilité cruelle lorsqu'elle était livrée à la haine populaire sous le nom de l'Autrichienne.

Et, cependant, le siége de Minorque, la bravoure éblouissante de l'armée du duc de Richelieu, quand elle descend dans ces fossés si profonds pour escalader des remparts effrayants, la campagne d'Hastenbeck et de Closter-Severn, le combat de Saint-Cast prouvent que la France avait gardé sa nature vaillante et son génie chevaleresque.

Ces glorieux exploits protestent contre la fortune et montrent qu'on ne prescrit pas contre la grandeur de notre patrie. L'avenir réservait des revanches magnifiques à un peuple capable de ces admirables efforts ; il était facile de comprendre que les échecs et les malheurs de nos drapeaux et de notre pavillon ne tenaient qu'au funeste accident d'une direction molle et confuse, à la division des esprits et à des supériorités passagères que faisait à l'Angleterre et à la Prusse l'heureuse simultanéité d'un grand roi et d'un homme d'état prodigieux, du premier général de ce siècle et d'un orateur tout puissant. Frédéric II, toujours à cheval dans les combats pour gouverner la bataille et donner l'exemple à ses soldats enthousiastes d'un tel chef ; Pitt, toujours debout dans les débats parlementaires pour dire de ces paroles qui retentissent au cœur enorgueilli des Anglais, voilà, certes, un des grands secrets de ces triomphes continuels qui font pour nous, de la guerre de Sept-Ans, une Sibérie historique, un désert où le combat de Saint-Cast vient offrir à nos ennuis profonds une courte mais brillante oasis.

Certes, il fallait que les Anglais de ce temps eussent une

idée bien haute de leur force et une idée bien hautaine des abaissements de la France pour entreprendre leurs expéditions avec des moyens si insuffisants. Une flotte portait dix mille hommes vers Saint-Malo, et Pitt osait penser qu'il épouvanterait une grande nation ; il osait diriger ses coups contre une province dont les habitants à eux seuls mériteraient le nom de grand peuple, la Bretagne.

Smollett avoue que le général Bligh et le commodore Howe, après avoir débarqué à Saint-Lunaire, reculèrent devant l'attaque de Saint-Malo dès qu'ils virent la grande largeur de la Rance à son embouchure.

Mais il en était ainsi ; les traditions descendues du quatorzième et du quinzième siècle, le souvenir d'une moitié de la France soumise à l'Angleterre au temps d'Edouard III et du prince Noir, Paris occupé par les Anglais sous Charles VI, la régence du duc de Bedfort en France, Calais si longtemps anglais, les exigences heureuses contre Dunkerque à l'époque de Cromwell, et encore dans les dernières années de Louis XIV, tout cet ensemble de faits était à cette époque très populaire en Angleterre ; ce pays avait une opinion démesurée de sa force et peut-être même de ses droits contre la France ; l'Angleterre osait sans scrupule et croyait que l'audace aurait promptement raison de toute résistance ; elle ne prenait même pas la peine de proportionner l'effort à la grandeur de l'entreprise ; le duc de Marlborough n'engageait-il pas les habitants du pays de Saint-Malo à se reconnaître purement et simplement sujets du roi Georges II, à payer en conséquence les impôts à ce maître nouveau qu'il considérait comme un roi restauré pour les Français trop longtemps insoumis ?

La reine Marie avait frémi d'indignation lors de la prise de Calais ; elle succomba à la douleur que lui causa cette perte, et, dans ses dernières heures, elle disait : « Si l'on ouvre mon cœur, on y trouvera écrit le nom de Calais. »

La reine Elisabeth eut longtemps l'espérance d'obtenir d'Henri IV, pour prix de son alliance, la restitution de cette place si regrettée, et comme Henri IV ne pouvait comprendre un tel langage, la reine d'Angleterre s'étonnait de ce refus.

C'est par ces traditions que s'explique un peu l'audace des Anglais pendant la guerre de Sept-Ans.

Ajoutons, pour être juste, que des rumeurs d'une invasion de l'Angleterre, par une armée française, s'étaient répandues en 1756 ; le parlement s'occupa de ces alarmes plus ou moins sérieuses.

Les Anglais auraient dû être rassurés par l'abandon total du prétendant Charles-Edouard et par les concessions si complaisantes du cabinet de Versailles, lorsque ce prince avait été arrêté aux portes de l'opéra. — Il faut accorder cependant aux Anglais qu'ils avaient le droit de conserver un souvenir amer de la prédominance de Louis XIV sur le gouvernement des deux derniers Stuarts, Charles II et Jacques II ; de ses efforts si longs et si grands contre leur nouvelle dynastie et contre l'établissement définitif de Guillaume III.

D'ailleurs, la guerre était ouverte depuis deux ans lors des expéditions de Cherbourg et de Saint-Cast ; n'est-il pas assez naturel de frapper l'ennemi toujours et partout ?

Ces dernières raisons ne peuvent être niées ; les Anglais, considérant leurs invasions très réelles comme des représailles des invasions projetées par la France, méritaient, à coup sûr, l'accueil qu'ils trouvèrent à Saint-Cast ; mais il est juste de constater les situations de l'époque et les intentions mutuelles des deux peuples. — Les Anglais comptaient par-dessus tout, je le crois, sur la faiblesse du gouvernement français, sur le relâchement des liens et de la discipline ; ils savaient l'hostilité de la cour et des parlements, des gouvernements de province et des pays d'états.

Dans la marine française, on voyait le plus déplorable désaccord entre les officiers de différentes classes.

Ah ! les guerres civiles de la France devaient un jour donner aux Anglais des avantages terribles, et c'est à cette source qu'ils ont puisé trop souvent la puissance et la victoire.

Auxiliaires des émigrés à Quibéron, ne furent-ils pas les bénéficiaires d'une expédition qui amena l'anéantissement presque entier de ce corps d'officiers qui avait, pendant la guerre d'Amérique, rétabli si noblement l'honneur de notre pavillon ?

Et plus tard, la guerre de la Vendée, en retenant loin des frontières l'armée du général Lamarque, ne fut-elle pas une de leurs meilleures chances à Waterloo?

Mais ils s'étaient mépris en 1758, lorsqu'ils attaquèrent la Bretagne, encore bien éloignée de ces divisions funestes et de ces guerres civiles si utiles à l'invasion de l'ennemi.

Si les Bretons étaient à peu près unanimes contre le duc d'Aiguillon, ils le furent sans exception contre les Anglais ; ils firent trève à leurs débats intérieurs pour repousser, pour châtier l'orgueil britannique ; ils marchèrent sous les ordres du gouverneur impopulaire, sauf le droit de discuter le lendemain de la victoire le général chef de l'armée victorieuse ; ils infligèrent de terribles comptes à l'audace des Anglais, puis demandèrent les siens au duc d'Aiguillon avec assez de passion et d'injustice, il faut en convenir ; mais, enfin, la Bretagne était libre et l'honneur du pays était vengé.

RÉSUMÉ.

En somme, le 11 septembre 1758 fut une journée grande pour la Bretagne, j'oserai même dire, une journée grande pour la France, sinon par le nombre des ennemis repoussés, du moins par leur nom. C'étaient des Anglais, c'étaient des fils de ce peuple puissant, rival séculaire et trop souvent heureux de la nation française ; cette journée fut grande par ses résultats, car elle mit un terme à de continuelles invasions et rendit inviolables nos rivages quatre fois insultés ; à Saint-Cast, les Anglais trouvèrent leurs colonnes d'Hercule, je dirais presque leurs colonnes de Neptune, puisque l'Angleterre avait trop réellement alors cette puissance fabuleuse du dieu païen, puissance qu'un poète contemporain peignait dans ce vers célèbre :

> Le trident de Neptune est le sceptre du monde.

Les rochers qui brisèrent le flot terrible de l'Angleterre doivent être marqués d'un signe historique.

Une colonne élevée sur le rivage de Saint-Cast brillera comme un phare de gloire et sera l'image vive du devoir de mourir pour la patrie; elle recevra l'adieu des matelots Bretons s'éloignant de leur terre natale; elle leur apparaîtra comme un signal d'heureux accueil au retour.

Il ne s'agit pas d'un défi jeté à l'Angleterre ; la France estime trop la sagesse de l'Angleterre pour lui imputer des desseins extravagants ; d'ailleurs, si elle a la notion de sa grandeur et de sa force, elle sait la force et la grandeur britanniques ; elle ne peut oublier que l'histoire des Anglais a des dates magnifiques pour eux et lugubres pour nous.

Il me semble que, s'il est un motif pour les Anglais de pardonner à la France Fontenoy, Raucourt, Lawfelt, Minorque et même Saint-Cast ; s'il est un motif pour les Français de pardonner à l'Angleterre Crécy, Poitiers, Azincourt, Trafalgar, Salamanque et Vittoria, ce motif se trouve dans la grandeur même du vainqueur, comme aux batailles du Moyen-Age les rois vaincus et pressés de toutes parts cherchaient une consolation dans le nom et la gloire de celui à qui ils rendaient leur épée.

Je ne parle pas de Waterloo ; certes, la journée ne resta pas à la France ; mais est-elle Anglaise ? est-elle Prussienne ?

L'ombre de Frédéric II s'indignerait si on donnait trop largement à l'Angleterre l'honneur de Waterloo ; car les Prussiens furent l'arrière-garde singulièrement utile au moins, et peut-être absolument nécessaire de l'armée du duc de Wellington ; et, d'ailleurs, les Russes et les Autrichiens se dressant à l'horizon occupaient et traversaient l'esprit de Napoléon et de son armée, pendant que les Anglais et les Prussiens occupaient leurs bras fatigués par tant de luttes inégales et de sanglants combats.

A Waterloo, je vois bien les armes d'Achille tombant de ses glorieuses mains ; mais nul n'a, ce me semble, le droit de les revendiquer comme sa propre conquête.

Que les Anglais honorent donc leurs victoires, même celles qui ne leur appartiennent que très imparfaitement.

La Bretagne, en glorifiant le souvenir de Saint-Cast, célèbre un souvenir qui lui appartient sans conteste.

A l'ombre de la colonne de Saint-Cast, les victimes françaises de ce combat frémiront d'allégresse au fond de leurs tombeaux ; les morts de l'Angleterre dormiront plus respectés dans une terre consacrée par la garde de Dieu et par la religion des tombes, et la terre sera plus légère aux pauvres victimes du choléra qui reposent près des Anglais dans une étroite et funèbre enceinte.

Aveugles sont les Français qui ne voient pas la grandeur et la puissance de l'Angleterre ; aveugles sont les Anglais qui ne voient pas la puissance et la grandeur de la France.

Dieu sait à qui l'avenir appartiendra ; mais le passé est acquis pour toujours, et chacun doit garder le sien avec une noble fierté !

Saint-Simon dit quelque part que l'ambassadeur d'Angleterre, lord Stairs, haïssait merveilleusement la France. Lord Stairs est-il mort tout entier ?... J'ignore si les deux

peuples arriveront jamais à une alliance bien sincère ; si jamais ils pourront suffire à s'aimer ; mais il faut désespérer de l'intelligence humaine, si la lecture de l'histoire ne leur apprend pas à se contempler l'un l'autre avec respect quand ils se mesurent du regard et dans la guerre et dans la paix.

Plût à Dieu que ces grandes nations, guidées par le génie de la civilisation, n'eussent plus désormais d'autres rivalités que les rivalités glorieuses d'une émulation de progrès universel, de lutte contre la matière pour l'assouplir au service de l'humanité ; les mers libres parcourues par les vaisseaux échangeant les richesses des diverses parties du monde ; le développement de la prospérité générale, et l'introduction des idées chrétiennes dans les contrées encore livrées à l'erreur et à la superstition seraient un admirable spectacle.

Hélas ! les rêves et les réalités sont peu d'accord ; l'avenir a des problèmes que la paix sans doute aurait le droit de résoudre, mais que la guerre a de grandes chances d'attirer sur les champs de batailles.

C'est un axiôme que le plus sûr moyen de prévenir la guerre se trouve dans la puissance de la faire.

Appuyée sur une admirable loi de recrutement, qui

appelle sous ses drapeaux toutes les forces jeunes et vives du pays, sur une loi d'admissibilité qui établit une heureuse concurrence entre toutes les classes de la population française, sur un système d'administration militaire qui a donné ses fruits glorieux en Crimée, la France est à l'abri de toute inquiétude pour sa grandeur continentale.

Reste le souci incessant de la grandeur maritime : Aboukir et Trafalgar sont encore le terrible cauchemar de nos souvenirs.

Mais Cherbourg achevé, des lignes de fer rattachant entre eux les ports les plus éloignés, les sources si fortes du recrutement maritime sur l'immense étendue des côtes françaises de l'Océan et de la Méditerranée, seront les gages d'une meilleure fortune.

S'il n'est pas nécessaire que la France demande une revanche de Trafalgar, il faut que tous ses efforts tendent à la rendre possible ; elle répondra par une sollicitude sans bornes pour l'accroissement de ses flottes à l'appel que lui adressent son histoire, les émotions douloureuses du passé, et les flots mêmes des deux mers qui battent ses rivages et viennent solliciter son courage et son génie.

NOTES.

I.

Rioust des Villaudrens, si justement loué dans l'examen du combat et des combattants de Saint-Cast, était le grand-père de M. Rioust de l'Argentaie, député des Côtes-du-Nord à l'Assemblée Législative de 1849, homme remarquable par sa bienfaisance et par le noble emploi d'une fortune considérable. La mort prématurée de ce digne petit-fils d'un Breton si brave et si modeste dans l'accomplissement dévoué de ses devoirs civiques a laissé de profonds regrets ; son absence à la fête séculaire de Saint-Cast sera douloureusement sentie ; certes, une des premières places lui aurait été assignée ; il y aurait bien représenté un nom qu'il a élevé encore par ses services et par ses vertus.

II.

Une lettre, écrite par le père Aimé de La Villéon, général de l'ordre des Capucins, lettre datée de Rome (24 octobre 1758), et adressée à un ami qui félicitait ce religieux sur la bravoure et les services de son neveu de Lourmel au combat de Saint-Cast, prouve que l'énergie et la bravoure sont dès longtemps remarquables dans cette famille, qui a donné à l'armée de Sébastopol un de ses chefs les plus brillants, ce jeune général qui tomba si glorieusement victime d'un héroïque élan vers les murailles de la terrible place : le combattant de Saint-Cast était digne de sa noble postérité.

www.ingramcontent.com/pod-product-compliance
Ingram Content Group UK Ltd.
Pitfield, Milton Keynes, MK11 3LW, UK
UKHW012050240726
13965UKWH00003B/1177

9 782013 071499